LOCUS

LOCUS

LOCUS

LOCUS

Beautiful Exeperience

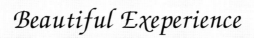

tone 02　鐵道建築散步【20 週年紀念版】

文字／攝影：李清志
美術設計：李孟融
美術編輯：謝富智
責任編輯：李惠貞
法律顧問：董安丹律師、顧慕堯律師
出版者：大塊文化出版股份有限公司
台北市 105022 松山區南京東路四段 25 號 11 樓
www.locuspublishing.com
locus@locuspublishing.com

讀者服務專線：0800-006-689
TEL：(02)8712-3898　FAX：（02）8712-3897
郵撥帳號：18955675
戶名：大塊文化出版股份有限公司

印務統籌：大製造股份有限公司
總經銷：大和書報圖書股份有限 公司
地址：新北市新莊區五工五路 2 號
TEL：（02）8990-2588（代表號）
FAX：（02）2290-1658

初版一刷：2004 年 5 月
二版一刷：2024 年 5 月

定價：新台幣 580 元
Printed in Taiwan

鐵道建築散步

文字／攝影　李清志

1 序言
2 鐵道迷的魔幻檔案
【眩目的未來之旅】
3 東海道新幹線與京都車站建築
4 歐洲之星與倫敦千禧建築
5 百合海鷗號與台場建築
【浪漫的懷舊之旅】
6 日本鐵道文學散步
7 荒川線漫遊
8 法國巴黎舊鐵道的浪漫再生
9 蒸汽火車安養所
10 冬訪門司港
【悠遊的城市之旅】
11 山手線的環行
12 阿姆斯特丹的環城電車
13 南海電鐵與大阪建築
14 迴轉壽司與鐵道文化
15 碼頭輕型鐵道與朱庇利地鐵建築

92-101

104-117

118-129

130-141

142-145

146-155

158-167

168-177

210-221

224-233

234-245

246-255

【夢幻的建築之旅】
16 分離派與紅電車
17 西班牙 AVE 高鐵與賽維亞新建築
18 山陽新幹線與廣島之戀

【愉悅的逃學之旅】
19 逃學的鐵道／江之島電車
20 北九州海鷗號與長崎港灣建築
21 中央線的綠野仙蹤

【神祕的探險之旅】
22 飛燕號與玉名市幽浮建築
23 特急北斗與函館建築
24 畢爾包夜車與蓋瑞的古根漢博物館

contents

1 6-7
2 8-11
3 14-23
4 24-37
5 38-47
6 50-59
7 60-69
8 70-81
9 82-91
18 178-187
19 190-199
20 200-209

建築家的移動樂趣

法國詩人波特萊爾曾說：「……移動一直讓我的靈魂引以為樂。」搭乘火車到世界各地的城市觀看建築、體驗民情，一直是我心目中最佳的建築旅行方式。因為一般的建築經常是以固定的方式存在，但是火車本身卻是一種移動式的建築空間。

搭乘火車可以享受建築空間的各項樂趣，一輛火車可以是舒服安逸的旅店，也可以是美味溫馨的餐館，更可以是觀看城鄉景物變化的電影院；火車中的沙發椅、空調、照明，甚至是衛浴設備，同樣都需要建築師的巧思去設計構想，最重要的是，搭乘這種移動式的建築，擺脫了久住一地、面對一成不變的景物卻無法遷移的厭倦感與煩躁感。

英倫作家艾倫．狄波頓認為運行中的火車，最容易引發我們心靈內在的對話。在建築旅行中，除了實際去面對與體驗建築之外，其實也需要有安靜思考建築的時間，搭乘火車在我建築旅行中為我提供了許多思考建築、沉澱思慮的機會。

我大概遺傳了外祖母的鐵道情懷。我的外祖母前輩音樂家陳信貞女士，可以說是那個年代裡，最會利用鐵道旅行的人。早年任教於台中女中的外祖母，總是精力充沛地四處遊走，除了到彰化、台南、斗六等豪門世家擔任私人鋼琴教師之外，也經常到台北中山堂聆聽國際音樂家的演奏。喜歡旅行的外祖母早在光復初期，就已經是國內旅遊的行家，不論是台灣最南端的墾丁，亦或是清幽的溪頭森林，都是她經常造訪的旅遊景點，而便利的縱貫線鐵道便是她南北奔波往來最佳的交通工具。

外祖母使用鐵道十分頻繁，她也懂得利用鐵道週邊設施，特別是台中車站的鐵路餐廳，幾乎成為了她最常出現的場所。搭火車前，外祖母會到鐵路餐廳用餐，順便在等候的時間，寫幾張明信片問候親朋好友，然後在上車前託鐵路餐廳的侍者寄出，有時候也會利用這段時間發一封祝賀電報給生日的孫子，讓收到的人驚喜不已。這種善用鐵道與郵務、電報的生活風格，充分顯示她對於現代化生活的適應與樂在其中。

鐵道與火車也時常出現在超現實主義畫作中，例如義大利畫家基里訶（Giorgio de Chirico）畫裡地平線上吐著煙霧的蒸汽火車頭，甚至廣場前掛著大鐘的車站建築景觀；畫家德爾沃（Paul Delvaux）的畫作中，則常常出現夢遊般的裸女、骷髏人，以及路面電車行駛在月夜街道中；連超現實主義畫派的大將馬格利特（Rene Magritte）也畫過吐著煙霧的蒸汽火車頭從室內壁爐開出的奇特景象。對於超現實主義畫家而言，火車不僅出現在他們的畫作裡，同時也出現在他們的夢境或潛意識中，代表著某些隱喻或象徵，也可能是過去某些奇特的記憶。

我幼時的夢境裡，也充滿著與鐵道有關的事物，特別是一個經常侵擾我睡眠的惡夢。在夢中的我經常看見一座鄉野的小車站，心情便開始緊張害怕，車站旁的鐵道向遠方延伸，終點卻是一座黝黑的隧道山洞，過沒多久，我就坐在火車上極速地向隧道內直奔，暗黑的隧道像是一座無底洞，陷入黑洞中的我似乎永遠出不來……我開始驚慌尖叫，然後一身冷汗地從夢中驚醒。這個惡夢一直是我幼年固定的惡夢，直到我在二十歲受洗接受基督信仰之後，這個惡夢才不再纏擾著我。後來我思索這件事，試圖為自己的夢境解析，認為火車進入黝黑隧道是我幼年對於生命死亡未知的恐懼，而基督信仰讓我超脫生死的恐懼，以至於惡夢從此不再。

這些年來，我的建築探險，儘可能都以鐵道旅行的方式進行，可以搭火車又可以欣賞建築，這樣的旅行可真是一舉兩得。我試著將每一次的鐵道建築散步記錄下來，最重要的是希望與所有的朋友們分享，不僅分享我的散步心情、同時也希望大家一起來體驗鐵道建築散步的樂趣。

鐵道迷的魔幻檔案

認識鐵道狂熱分子是在一次鐵道迷的聚會中，地點在淡水車站附近的奇怪小餐館裡。有趣的是餐館老闆本身就是鐵道迷，他的餐館內佈置了許多火車的照片，部份座位被設置在火車車廂內，在其中用餐便有如搭乘餐車一樣；天花板上也架有鐵道，歐洲古董火車勤奮地在奔馳著，整個餐館佈置將每一個鐵道迷以及小朋友挑逗得十分興奮。在這間奇怪小餐館中聚會的鐵道分子們，每個人背景都不同，職業也十分迥異，但是鐵道與火車有如一種神奇的魔法，將他們招聚在一起。

Z君是位白皙娃娃臉的圖書館員，平日沉浸在最高學府新建的龐大圖書館建築物內，低調地處理著學校的行政雜務。在平日的職場工作中，他絕少提及鐵道與火車，但是下了班卻馬上如超人變身般地投入鐵道活動中。Z君娶了日本太太，日本太太將家裡整理得素雅乾淨，並且接納了他對火車的狂熱；暑假期間，日本太太先回東京娘家省親，Z君則等到八月假期來到，才飛奔到東京，卻只在岳父、岳母家待一夜，第二天便啟程，開始他規劃周密的鐵路旅行。看著他密密麻麻的鐵道旅行計畫，我開始懷疑Z君的日本太太是不是太縱容他了？

C君則是年輕的鐵道迷，微胖的身軀使他帶著一種溫暖的喜感，在鐵道迷中是個很受歡迎的人物。C君平日窩居士林知名的電子公司內，盡忠職守的當個上班族，不過，一到中午吃飯時間，他就會立刻趴在桌上呼呼大睡——原來每天晚上他都奔馳在網路上，大力推介鐵道文化與火車知識。他有個自己的網站，進入此網站可以看見許許多多珍貴的鐵道攝影圖片與鐵道錄影帶。從這些圖片可以看出鐵道迷基本上都帶有懷舊的情緒，C君的收藏中除了已消失的古老車站圖片之外，竟然還包括早年反共復國電視宣導短片錄影帶，以及許多老歌塑膠唱片。上回聚餐，當大夥兒酒足飯飽之際，他立刻取出他的notebook，在餐桌上播放起他拍攝的鐵道VCD，並且丟了幾片鐵道VCD給我，原來他也在網路上販售各式各樣的鐵道VCD，並且小賺了一筆，e世代的鐵道迷果真不同凡響！

H君是國內鐵道文化的開山鼻祖，他有著光榮的鐵道迷血統，祖父、父親都是火車的愛好者，H君在從小耳濡目染之下，二十歲便出版了關於台灣鐵道文化的巨著，影響之大，連C君都承認H君的著作是他當年對鐵道文化的啟蒙作品，那本書讓C君感覺到喜歡鐵道的人在台灣並不孤單，而且迷戀火車也不是一種怪癖！

雖然H君的父親是機械學的教授，並且曾自行研製小型火車頭，但是H君念的卻是氣象學，並且在服役後出國深造，念的仍然是氣象，如今已經是博士班學生。我有些懷疑何以身為鐵道迷領導人之尊的H君，會甘願待在美國研究所耗費青春歲月研究大氣科學？後來才知道H君在美國的學生生活，是一有空便跑去坐火車、拍火車，甚至還尋訪找到了小學課本中「小女孩救了一整列火車」故事的發生地點。那個大家十分熟悉的故事，關於一位小女孩站在暴風雨摧毀的木橋前，奮力揮動手中紅衣服，終於使一列火車停下，免於出軌命運；以前我總以為是杜撰的，但是H君竟然把真實發掘出來。

前一陣子在網路上與H君連絡討論三〇年代 Raymond Loewy 所設計的流線型火車，知道今年夏天H君已經從西岸飛奔到東岸研究早期美國火車公司的歷史，心中除了佩服之外，也確信H君學成歸國時，應該已經拿到氣象博士與火車博士的雙學位了。

W君的鐵道人生比其他狂熱分子多了一些浪漫成分。大學時代他與其他鐵道迷在平溪線巧遇一位日本女孩，日本女孩來台研究侯孝賢電影場景，正想知道如何由侯硐去九份山城，好心的鐵道迷便直接帶她前往。途中兩人交換名字，赫然發現這位日本女生與他們認識的某日本鐵道專家同姓，深入交談之後，才曉得她正是那位日本鐵道專家的女兒。此後兩人通信保持聯繫，並且墜入情網，畢業後共結連理。W君當兵期間，日本妻子在家鄉工作，每三個月來台相會一次，直到兵役結束，W君成為一名跑國會新聞的記者，日本妻子也來台定居。這段由火車牽引來的「鐵道良緣」實在是神奇得令人不敢相信。不過從今以後，我相信仙履奇緣中的南瓜車其實根本就是一輛吐著蒸汽的火車頭。

我相信斗篷、貓頭鷹、鐵道以及蒸汽火車頭，都是具有魔法的神奇事物，哈利波特便是到第九又四分之三月台，搭十一點的火車，才到得了魔法學校。而我的童年旅行經驗也都幾乎與火車脫離不了關係。不過這些神奇故事的種種記憶，被封存在魔法箱中許久，直到遇見了這些鐵道狂熱分子，昔日的火車記憶才慢慢被解咒，重新浮現在我腦海中。

鐵道狂熱分子（俗稱鐵道迷）是我對這群人的忠實描述，他們對鐵道的狂熱程度，大概只比電影《鐵道員》中為鐵道拋家棄女的站長高倉健稍微差了一點。但是從他們甘願在寒冬夜晚躲在厚雪覆蓋的鐵橋邊，只為等待拍攝過橋的夜快車畫面——這種瘋狂的舉動，可以證明火車的確是一種可以叫人著魔的神奇事物。

日本可說是世上最偉大的鐵道王國，日本國內有各式各樣自製的火車，以及星羅棋佈、錯綜複雜的鐵道系統，因此說鐵道是日本國家的命脈並不為過。事實上，日本的鐵道系統更像是人體的血管系統，即使是最偏僻的鄉間，也都有微血管般的支線鐵道行經。日本的鐵道迷眾多，似乎也是鐵道業發達的必然結果。有人把日本的鐵道迷分為四種：一為收藏鐵道模型火車，有空便拿出來把玩者；二為跑遍各地，以搭乘各路線火車為樂者；三為扛著相機，到處拍攝列車照片者；四是吃遍各地鐵路便當，享受鐵道沿線四時料理者。

大部分的人聽了這種鐵道人類學的分類方式，都自願加入第四種鐵道迷的行列，也難怪前些日子，鐵路局重新販賣懷舊排骨鐵盒便當造成供不應求的轟動盛況。不過我真正佩服的是那些扛著沉重攝影器材、到處追火車的鐵道迷；他們瘋狂地迷戀火車以及火車相關的事物，即使是耗盡家產、被親友指責、背負著玩物喪志的惡名……仍然不改其所好，一有空閒，便追著火車跑。

為了研究鐵道王國的種種生活文化，台灣鐵道迷的哈日性格是理所當然的。許多鐵道迷都精通日文，為的便是研讀日本豐富的鐵道雜誌與鐵道文化出版物，並且可以和日本的鐵道專家同好互通信息、交換資料，甚至有人娶了日本老婆，他們的蜜月旅行便是到日本搭火車，四處遨遊。

當科技不斷地推陳出新之際，火車竟然是十九世紀至今，仍然不曾被淘汰的事物，令人不得不相信它具有某種神奇的魔力。而終日迷戀鐵道、追逐火車的鐵道迷們，也似乎沾染了某種魔幻神力，他們的故事永遠充滿著奇妙的童話味道。只要鐵道不死，鐵道迷的神力便永遠不會消失。

眩目的未來之旅

1

東海道新幹線與京都車站建築

日本的城市火車站隨著城市生活的日益複雜與忙亂，
空間也越發龐大與多元化。

火車站驚人的型態改變，叫傳統的鐵道員感到混亂與不適應，
昔日鐵道員那種工作上的驕傲與榮譽感，
似乎也逐漸在列車的飛馳身影中消逝。

1 ← 子彈列車是日本追求速度下的產物。

35

在遙遠的北海道郊野一鬼稱為幌舞的車站，早年曾經是挖煤礦而風光興盛的小城鎮，在礦業落沒之後，成為人口稀少的窮鄉僻壤，連巨大的蒸氣火車頭列車也被更換為柴油車箱的紅色小火車。唯一不變的是那長年屹立在幌舞車站月台上的鐵道員身影。

不論是櫻花遍野的初春，抑或是雪花飛舞的嚴冬，鐵道員總是站在月台上，堅守崗位，搖晃著信號燈並揮舞著手勢。這個形象正是演員高倉健在電影《鐵道員》中所扮演的角色，同時也是日本國鐵公司鐵道員盡責奉獻精神的具體呈現。

日本的確是亞洲少見的鐵道國家，正如電影中鐵道員所言，「國鐵（JR）是日本戰後復興的希望。」在島國日本的疆域當中，鐵道有如密布的蛛網，四處延展，這些生命線運送著物資與旅

2 ← 白色的關西空港特急是機場直達京都的捷徑。

客，活絡了整個日本國，甚至連許多公路難以到達的地區，都有鐵路。鐵道成為偏僻鄉村民眾與外界聯絡重要的管道，同時也是這些民眾兒時記憶中最重要的元素之一。

對於鎮守車站的鐵道員而言，每天隨著列車時刻表，機械式地檢查信號、人員及列車出入安全，堅持與忠心的辛勤工作，配合簡潔的支線火車站生活，正是鐵道精神的展現。不過這種單純有力的鐵道員生活，隨著城市的發展，漸漸趨向複雜與混亂。小說家村上春樹在其作品《地下鐵事件》中曾經描述東京鐵道員的城市心情：「以就業對象來說，還是JR最受歡迎。……我本來想到地下鐵，但營團也相當受歡迎，薪水與其他地方比也不壞，而且也不會有比方說想做鐵路方面的工作、卻被派到百貨部門去的情形。」因為許多私鐵集團如西武、小田急、東急等都擁有鐵道與

→3 京都車站不僅是座車站，也包含了一家高級旅館。

4. 建築師原廣司所設計的京都車站內有一座舞台般的階梯開放空間。
5. 新幹線長驅直入京都，看見的是巨大的京都車站建築。

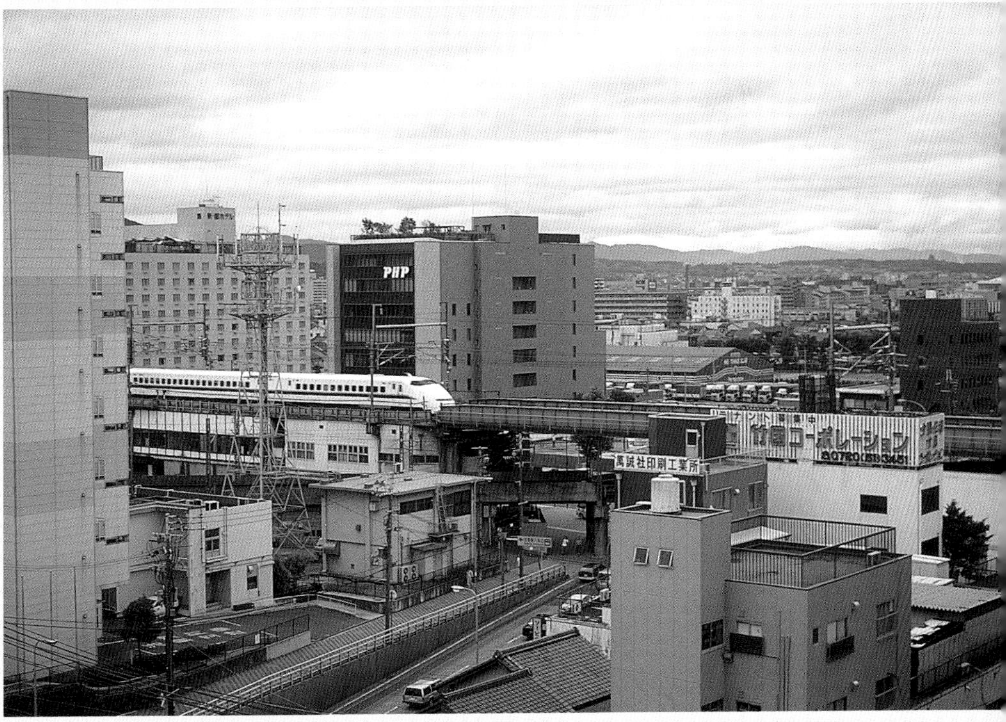

3 ——圖片編號
17 ——頁碼

百貨事業，身為鐵路工作人員，並不一定可以成為高倉健那種鐵道員，反而可能是在龐大的車站內，當個管失物招領的小職員而已。

日本的城市火車站隨著城市生活的日益複雜與忙亂，空間也越發龐大與多元化，其功能不再只是火車站而已，巨大的車站內有禮品店、飲食街、咖啡館，甚至整棟百貨公司都與車站融合在一起。火車站驚人的型態改變，叫傳統的鐵道員感到混亂與不適應，昔日鐵道員那種工作上的驕傲與榮譽感，似乎也逐漸在列車的飛馳身影中消逝。

九〇年代，在古城京都中央落成的京都車站，正是鐵道員內心中最大的夢魘，同時也是京都市民心中久久不能釋懷的驚恐。以往由東京前往京都的列車，老遠看見五重塔的尖頂，便知道典雅的京都到了，但是後來京都車站前樹

6 ← 整個京都車站儼然是一個巨大城市。

起了摩登的京都塔（Kyoto Tower），完全取代並破壞了人們心目中傳統的京都印象。

如今由日本建築師原廣司所設計的京都站，更引起了京都市民的反感與恐慌。由東京開往京都的新幹線子彈列車，還未讓乘客一睹京都建築典雅的風采，便飛快地鑽進龐大的京都新車站內。進入車站後馬上被現代感的車站站體空間所包容——閃爍的燈光、科技感十足的結構天橋、漂浮般的咖啡座、紛擾擁擠的人群等等，叫人對京都的第一印象感到有些失望。事實上，京都市本身對於這棟龐大的車站也感到失望、不知所措。或許京都在古典與前衛的掙扎中，總是必須有所改變吧！

對於建築師原廣司而言，他極力要將整座功能複雜的JR都車站塑造成一座具體而微的城市，裡面除了車站、大

7 巨大的車站與傳統電車車站迥然不同，是鐵道員的惡夢。

4 18

8 23

飯店、禮品店、餐廳、百貨公司、超級市場等室內空間之外，更營造了大階段、廣場，以及許多小路通等戶外開放空間（open space）。其中最引人矚目的大階段（階梯），靈感來自於城市中的階梯開放空間——人們最喜歡坐在高高的階梯上，遙望城市的人群與建築景觀。因此原廣司也希望人們在京都車站內的大階段上，俯瞰車站內進進出出的人潮。此外，也可以將整座車站視為是一座大山，藉著許多曲折上下的小路通，人們可以穿梭車站，並爬上車站頂的眺望平台，欣賞整個京都市的城市格局。過程有如登山健行般，有些人甚至以此作為每天健身的路徑呢。

或許原廣司建築師是將京都車站當作帶領京都從二十世紀末飛向下個世紀的宇宙銀河列車，但是對於那些懷有傳統鐵路精神的鐵道員而言，現代京都車站已經不再是他們所熟悉的鐵路車站，而北海道冰雪中的幌舞車站傳奇，似乎也只能從電影中去追尋與體驗了。

原廣司試圖將車站設計成供市民登高望遠的開放空間。→8

歐洲之星與倫敦千禧建築

歐洲之星的乘坐感其實與歐洲車的體驗十分接近，有一種厚實沉穩的踏實感，
與日本新幹線輕快、柔順的乘坐質感不同。
這種厚實的感覺讓我想起以前那輛老式寶馬雙門轎車，
雖然使用多年卻仍然耐用可靠，
所有的配件不僅沒有因為老舊而晦暗，反而因為時間的琢磨而更顯晶亮。

1 ← 奔馳於英法之間的「歐洲之星」特急列車。

POINT ARGENT
POINT ARGENT
3104

新世紀來臨之際，為了一睹千禧建築的風采，我搭上了從歐洲駛往英國的特快列車——「歐洲之星」（Eurostar TGV）。搭乘歐洲之星，心裡其實是想比較一下歐洲的高鐵系統與日本新幹線系統的差別，另一方面，也是為了體驗倫敦滑鐵盧車站的風采。

從浪漫古典的巴黎北站搭上黃藍線條的流線型列車，立刻感受到法國人極度優雅輕鬆的出境態度，和入境英國時滑鐵盧車站站務人員的緊張嚴厲完全不同。列車在穩重滑行中進入英倫海峽的隧道——這座海底隧道是許多歐洲獨裁者希望進軍英倫三島的心中夢想，只要一個鐘頭，就可以將大軍運送到對岸，完全不需考慮英倫海峽的惡劣天候。不過當我在列車中昏睡時，心中想的卻是《不可能的任務》電影中湯姆．克魯斯抓著歐洲之星車頭與直昇機搏鬥的情節。

歐洲之星的乘坐感其實與歐洲車的體驗十分接近，有一種厚實沉穩的踏實感，與日本新幹線輕快、柔順的乘坐質感不同。這種厚實的感覺讓我想起以前那輛老式寶馬雙門轎車，雖然使用多年卻仍然耐用可靠，所有的配件不僅沒有因為老舊而晦暗，反而因為時間的琢磨而更顯晶亮。列車出了隧道之後繼續奔馳，很快地便接近倫敦市區，最後平穩的滑入滑鐵盧車站內。

滑鐵盧車站最令人著迷的是那新增的月台頂棚，複雜晶亮的結構呈現出一種光明的未來感。作為「通往歐洲的大門」角色，設計車站頂棚的 YRM 安東尼．漢特建築師事務所，試圖捕捉過去英國「水晶宮文化」的科技精神，以不鏽鋼壓力管及特殊的弓弦型拱結構，塑造出一個隨月台彎曲的的複雜頂棚。事實上，整個滑鐵盧車站有如國際機場般，是出入境的重要門戶，門禁自然比一般車站來的森嚴，坐鎮在彎曲玻璃檢驗亭裡的海關人員臉部表情嚴肅地像倫敦的天氣。

千禧年最令人矚目的倫敦建築，自然是泰晤士河畔的「千禧之輪／倫敦之眼」（London Eye）摩天輪以及工廠改建的泰德美術館（Tate Modern Art Gallery）。這兩座建築大大改變了人們對泰晤士河沿岸景觀的印象。在千禧年之際，世界各大都市莫不積極努力為自己的城市打造全新的面貌，並且挖空心思吸引觀光客來欣賞他們引以為傲的城市景觀。而摩天輪正是一種在短時間內可以讓許多觀光客輪流登高遠眺的最佳工具。因此，英國倫敦為了迎接千禧年，特別設計了「倫敦之眼」超級摩天輪，供遊客登高眺望整個倫敦市區。

巨大的摩天輪不僅具有搭載觀光客的功能，同時也為現代都市垂直、水平、呆板的天際線，增添了圓弧柔美的線條。難怪世界各大都市在發展市區建設之餘，莫不為自己的城市添加一座可以欣賞城市景觀的摩天輪——東京都新開發的臨海副都心地區，在建設許多新式建築之後，便建造了一座紅色的大型摩天輪，用來眺望新東京的風采；而橫濱新興港區MM21，也建造了一座巨型摩天輪，與橫濱的摩天大樓相互輝映；大阪地區天保山港口的摩天輪更是重要的地標建築……可見摩天輪已經成為現代都市繼摩天大樓之後最熱門的城市建築。一百多年前，芝加哥在籌設哥倫布博覽會時，就想到利用巨型的摩天輪，讓所有參觀者登高眺望整個芝加哥市區。想不到經過了一百多年的時間，當人們在思考迎接千禧年的新建築時，居然還是採用了摩天輪這種復古的建築形式。可見這種簡單、可動的建築形式必然有其歷久彌新的特點。

2

從泰德美術館頂樓餐廳中，眺望對岸的聖保羅大教堂。

3 建築師以白色大理石和複雜的頂棚結構方式，將大英博物館原來中庭戶外空間轉變為明亮的室內廣場。

AQUARIUM

4. 千禧橋的關閉檢修是建築師諾曼，福斯特的奇恥大辱。
5.「倫敦之眼」超級摩天輪是千禧年另一個高科技機械建築。

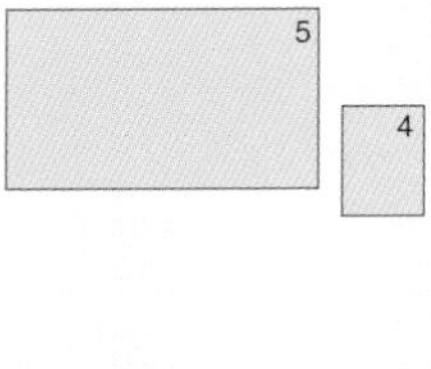

工程師在建造「倫敦之眼」時，更新了昔日摩天輪的構造方式，為古老的摩天輪注入一股新的生命。相信在未來的科技發展中，許多過去的建築形式都將被重新審視設計，產生令人耳目一新的結果。從摩天輪的復古流行現象，我們相信歷史中的設計理念雖然古舊，但卻永不會過時。

相對於「倫敦之眼」摩天輪的圓弧造型，泰德美術館以聳立陽剛的姿態，豎立在泰晤士河南岸，成為遊河觀光客眼中的新地標。這座美術館由廢棄的發電廠改造而成，空曠的室內空間令人有一種失落的蒼茫感。這種空間型態事實上並不適合傳

6 ← 滑鐵盧車站的月台頂棚，複雜晶亮的結構呈現出一種光明的未來感。

統小型的繪畫展示，只有那些習慣創作巨型雕塑或裝置藝術作品者知道如何加以運用。不過觀光客卻愛死了這座美術館，單單想到這座美術館以前是一座發電廠就叫人內心澎湃。他們瘋狂地湧入美術館大廳，又興沖沖地在各個樓層間穿梭，最後停留在頂樓的餐廳。泰德美術館頂樓的餐廳是人們公認整個美術館中最棒的空間——特別是靠泰晤士河畔窗口的座位，坐在此地可以眺望橫跨河兩岸的千禧橋，以及對岸西提區山丘頂的聖保羅大教堂，欣賞瞬息萬變的倫敦風雨在窗外演出晴時多雲偶陣雨。

→7 「倫敦之眼」超級摩天輪是千禧年另一個高科技機械建築。

泰德美術館在藝術評論家眼中，被批評是展示空間及建築空間勝過了創作作品本身。這或許是事實，但是這種現象也是二十世紀末期以來，美術館無法避免的現象。不可否認地，奇特的美術館建築吸引了大批遊客再次回到美術館內，也復興了原本破落衰敗的市區。泰晤士河南岸也在泰德美術館的復興中逐漸興盛起來，成功地建立起市中心再生的模範案例。

沿著泰晤士河岸巡行，在倫敦塔橋前有一艘巨大的貝爾法斯特戰艦，如今成為河上重要的博物館。戰艦前方正在興建的是倫敦議會大廳，其拇指般奇異的建築造型，正是英國高科技建築技術的具體表現。這個案例也是諾曼·福斯特（Norman Foster）在一段挫敗過程後，重新雪恥的努力。諾曼·福斯特事務所在千禧橋設計上犯了大錯，**使得這座橋在啟用當天狀況百出，迫使當局為了安全理由關閉千禧橋檢修**。這個事件對於建築師而言簡直就是執業生涯的奇恥大辱。不過許多建築大師都經歷過這種黯淡恥辱的時期，貝聿銘當年為了波士頓約翰·漢考克大樓（John Hancock Tower）的帷幕玻璃碎裂事件，也曾被各界批評地體無完膚。但在忍辱負重的一段艱辛歲月之後，記取教訓的貝聿銘又重回舞台，展現光芒。千禧橋對於建築師諾曼·福斯特似乎也是個很好的教訓，他在面對問題、承認錯誤之後，如今又重新展現活力與創意。

二〇〇〇年初，倫敦最重要的老博物館——大英博物館——也在建築師諾曼·福斯特的巧思改造之下，整個脫胎換骨，原本沉悶晦暗的木乃伊儲藏館，變成生氣活潑的**明亮花園溫室。建築師以白色大理石和複雜的頂棚結構方式**，將原來中庭戶外空間轉變為明亮的室內廣場，中庭圓形的閱讀室也轉而成為整個博物館的中心焦點。正如泰德美術館的成功案例，大英博物館在空間改造之後，同樣吸引了大批遊客湧入博物館內。這些遊客如同泰德美術館的訪客一般，只是一窩蜂地在閱讀室外溫室般的廣場閒晃、吃東西，並且大量購買昂貴的木乃伊筆記本、鉛筆盒，當作博物館的紀念品。雖然如此，整個大英博物館改造仍然被視為是成功的，因為至少人們大量流入了博物館內。為了感念建築師的貢獻，大英博物館特別在千禧年之後，為建築師諾曼·福斯特舉辦了一次建築特展，展覽會場中，只見巨型的建築模型四處陳列，人們興致勃勃地探頭探腦，建築本身果然成為參觀者最關注的事物。我想遲早藝術界的人士會開始接受這個事實吧！

搭乘歐洲之星列車穿越英倫海峽，能夠感受到英國與歐洲大陸截然不同的設計風格。在倫敦市區的探險中，除了高科技建築師們的千禧年作品之外，一件位於雪佛布希圓環附近的奇特塔狀建築令我印象深刻。這座奇特的管狀紀念塔是泰晤士水公司的幹管紀念塔，當年是為了隱藏圓環中央突兀的管狀結構物，特別舉行一次競圖活動，結果設計出這座充滿科技感的管狀紀念塔。整座高塔其實是一座十五公尺高的氣壓計，由鋼材與玻璃所構成，在區面玻璃圍牆中注入彩色的水流，隨著天氣陰晴的變化，有顏色的水在管中咕嚕咕嚕地上昇下降，充滿了生動的活潑感，是倫敦多變天氣中，令人驚豔的神奇作品。

不過真正令人驚訝的是這項幾近科技儀器的建築作品，不是英國那幾位高科技建築師所設計的，其設計居然是出自於一位皇家藝術學院學生的手筆。可見所謂英國科技風格學派在倫敦的發展，其實是有深厚的文化與科技基礎的。

倫敦的高科技與多變氣候造就了類似電影《復仇者》中的情節與場景（以高科技控制天氣的邪惡勢力，與高科技洛伊大樓場景），同時也造就了高科技風格的建築與裝置藝術——這種風格是其他土地所無法培養生產的。

這座科技感十足的管狀紀念塔設計，居然是出自於一位皇家藝術學院學生的手筆。

8

百合海鷗號與台場建築

臨海線的百合海鷗號可能是速度最慢的鐵道，
對許多鐵道迷或科幻迷而言，
或許會認為不夠刺激，
但是其優雅的姿態，卻有如海上的海鷗般，
是建築散步的極佳工具。

1 ← 臨海線的百合海鷗號是進行建築散步的最佳工具。

11
ゆりかもめ

東京市是座高密度的電子城市，擁有星羅密佈的捷運電車網路，以及超高的土地房價。對於東京市區的市民而言，空間是生活中最重要的需求，因此在狹小的都會公寓中，如何儲存更多的雜物，成為東京人最用心研究的功課，他們甚至發展出所謂的「收納術」。在村上春樹的短篇小說〈起司蛋糕形的我的貧窮〉一文中，探討的正是貧窮年輕夫妻如何在鐵軌交織間的小屋裡生活。

許多科幻小說以及動畫電影都預言，東京市遲早要與海爭地、往東京灣裡發展；例如押井守導演的《機動警察》（PATLABOR）電影版中，便敘述著未來東京市區利用機械人勞工在東京灣建造海上都市的經過；而大友克洋的《光明戰士》（AKIRA）動畫電影中，更是假設第三次世界大戰前，東京灣已開發建設完成。

事實上，關於東京灣的建設計畫有許多；包括大林組的「超高層立體都市」——在東京灣中建造一座高約八百公尺的摩天大樓都市；鹿島建設所提的漂浮海上的「海洋都市構想」；以及日建建設所設計的軟著島海上都市構想等等。臨海副都心的開發與建設則可說是東京灣開發的開始，這片原本是一無所有的沼澤臨海地帶，以垃圾焚化後的灰燼回收利用、填海造陸所形成，成為擁擠混亂的東京市可以放手大肆規劃未來的一處夢幻世界。

搭上午後的百合海鷗號——一種兼具觀光功能的港灣區高架捷運系統——感覺上有些類似木柵線捷運，但是卻沒有木柵線捷運橡皮輪胎的顛簸搖晃。正如百合海鷗號的名稱，搭乘這座環繞著整個臨海副都心的高架捷運系統，可以體會海鷗飛翔東京灣俯瞰大海的暢快心情，特別是經過海灣大橋前的迴轉軌道，每個乘客都能驚喜地欣賞到浪漫的海灣大橋美景。以觀光路線方式設計的高架捷運線，擺明了百合海鷗號是為了讓乘客欣賞整個臨海副都心——說臨海副都心是東京未來世界的模範地區實不為過。

6 45

沿著臨海線觀賞東京引以為傲的未來建築的確是一件樂事。過了港灣大橋來到台場站，眼前是那座令人莫名其妙的龐大建築——富士電視台。這是一幢由建築師丹下健三所設計的方格系統大廈，頂端嵌入了一顆金屬的圓球，雖然科幻感十足，但是卻又令人感到有些稚拙，有一種早期科幻動畫《鐵人二十八》或《雷鳥神機隊》等影片中科技懷舊的有趣情緒。

3 42

2 42

與富士電視台建築相較，船的科學館站前方新近完工的建築——未來科學館，就顯得成熟典雅多了。這棟最近以展出HONDA機器人而轟動的科學館，同樣是在建築物上嵌上一顆圓球，但是金屬圓球半浮出壁面，形成一種呼之欲出的動能力量。事實上，整棟未來科學館建築以船的意象為設計概念，玻璃建築頂端有數個排列好的突起物，猶如輪船的煙囪；其室內空間挑高寬敞，並有室內大階梯層層上升，令人聯想到大郵輪的龐大室內空間，彷彿在室內也同時感受得到寬廣的海洋氣息。

4 43

百合海鷗號前行到了國際展示場。這座由四個倒金字塔所組成的大型展示場是每年東京著名電玩展、汽車展的場所，不過這些堆砌的幾何塊體，在整個臨海副都心地區中，顯得怪異好笑，讓人不免覺得這些建築只是臨海副都心地區裡的積木玩具。

2. 未來科學館嵌上的金屬圓球半浮出壁面，形成一種呼之欲出的動能力量。
3. 未來科學館猶如一座巨大方舟。
4. 這座由四個倒金字塔所組成的國際展示場，是每年東京著名電玩展、汽車展的場所，但看來有點像是臨海副都心地區裡的積木玩具。

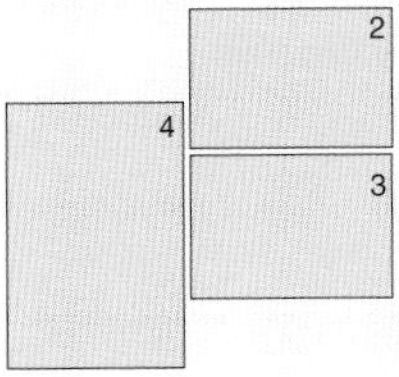

我最傾心的建築不是百合海鷗號沿線的巨大建築物，而是那座位於副都心中心夢幻大橋旁的一棟奇特建築，那是由異型建築師渡邊誠所設計的**東京都共同管溝紀念館 K-Museum**。K-Museum 由許多不同塊體組構而成的奇特造型，被認為是有如外星不明飛行物體迫降地球的場景。但是這棟建築雖然怪異，卻與附近環境十分協調，其水平低調的建築身影甚至令大多數人察覺不到它的存在。也因此許多人到過臨海副都心，但是真正見識到這座奇特建築的人卻不多。或許這種設計手法才是整個副都心建築整體規劃所需要的。

當一個都會副都心擔負起展示與觀光的另類任務時，總是免不了在建築上展現出一種展覽會的特性，使得一切顯得十分矯情與做作。臨海線青海車站的維納斯廣場便是東京都人工

5 ← 由異型建築師渡邊誠所設計的東京都共同管溝紀念館 K-Museum，由許多不同塊體組構而成奇特的造型。

矯情發展的極致。那是一幢龐大的倉庫式外表的鐵架建築，外表實在樸實簡單、毫無趣味，但是內部裝潢卻又極其華麗。店家完全模仿歐洲古典城鎮的建築形式，步道上裝置了噴水池、雕像、街道家具，塑造出歐洲街道廣場的空間感；甚至在商店街的遙遠盡頭，還設置了一座維妙維肖的歐洲中古世紀教堂建築，作為整個商店街的視覺焦點，也將血拚的商業行為帶到都市資本主義儀式的最高潮。最令人驚愕的是，這座商業中心的商店街雖然位於室內，卻擁有雲彩飛揚的天幕——仿造大自然的天幕甚至會依照一天中不同的時間而改變光線的明暗。這種人工技術的極至表現，其實透露出日本人心中的矛盾——一方面希望接近大自然的節奏與對真實的渴望，另一方面，卻也盼望自豪的科技技術可以改變世界、改變無奈的機械生活。

6 ← 富士電視台頂端嵌入了一顆金屬的圓球，既富有科幻感，又顯得有些稚拙。

臨海線的百合海鷗號可能是速度最慢的鐵道，對許多鐵道迷或科幻迷而言，或許會認為不夠刺激，但是其優雅的姿態，卻有如海上的海鷗般，是建築散步的極佳工具。雖然如此，每次搭乘百合海鷗號繞行於台場副都心，總覺得有如在迪士尼樂園搭觀光單軌電車一般。迪士尼樂園的確是最早使用科技電車遊園的地方，他們利用這個方式引領遊客認識園內的種種，百合海鷗號之於臨海副都心也是如此，這塊東京灣的新生地對於東京市而言，正如一座充滿未來希望與幻想的迪士尼樂園。欣賞日本人在東京灣內的未來建築想像，我內心被激起一股好奇與歡欣，或許《機動警察》等科幻故事將不再只是科幻小說而已，我相信再不多時，我們將可目睹東京灣海上城市的完成。

7

彩虹大橋與自由女神像象徵著台場夢幻般的都市未來。→7

2

浪漫的懷舊之旅

日本鐵道文學散步

我常常在想，為何火車這種奇怪的機械工具，比起其他交通工具更容易令人產生內心情感的波動？是不是因為共同身在一個移動的空間中，有一種擁有相同目的、相同命運的親近情感。《失樂園》故事中，每一次的約會偷情都是搭乘列車，從東京到橫濱、鐮倉，最後到輕井澤結束生命。每一次從東京的月台到列車車廂、到目的地的旅店，他們的距離越來越接近，也越發感受到彼此相同的命運。

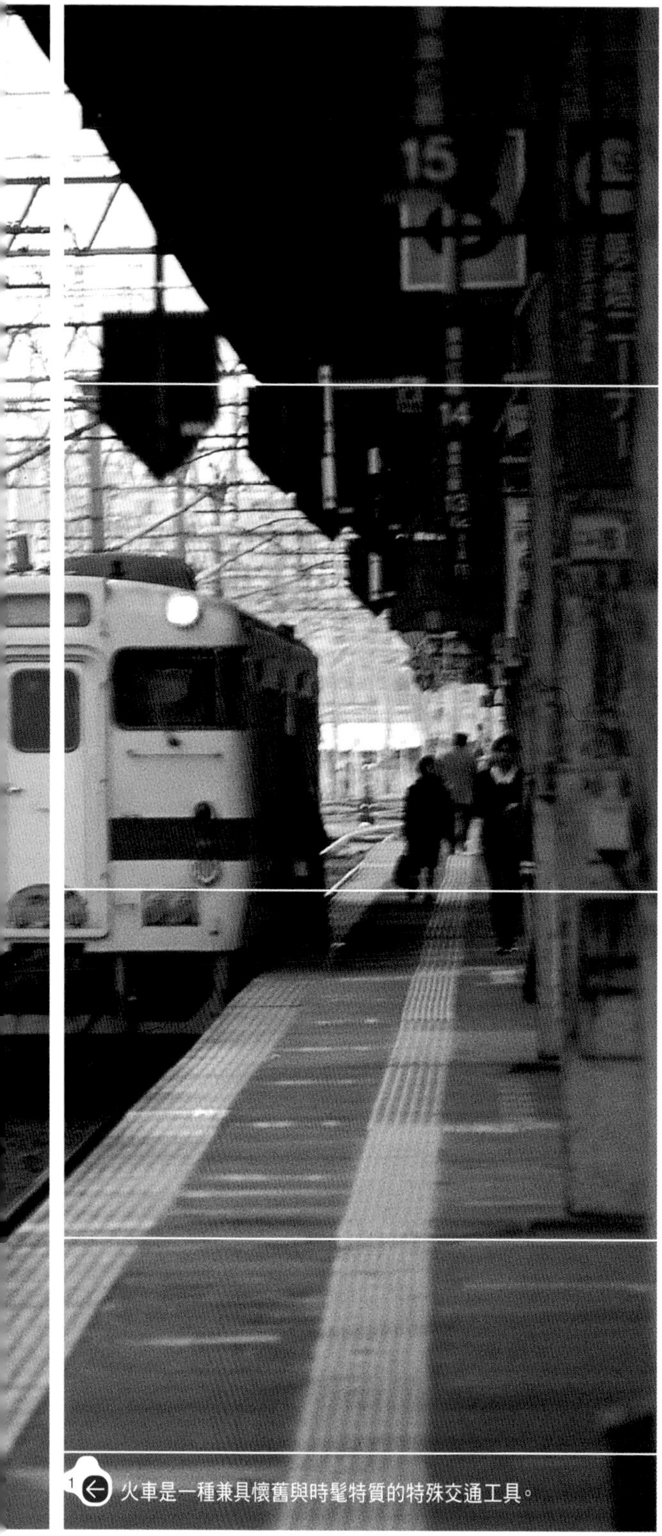

1 火車是一種兼具懷舊與時髦特質的特殊交通工具。

黒崎

火車這種交通工具在地球上奔跑已經有幾世紀了，不過在進入二十一世紀之初，火車不僅未被淘汰，反倒成為地球上兼具懷舊與時髦特質的特殊交通工具。關於火車或鐵道的寫作與攝影十分豐富，而且有越來越多的趨勢，似乎代表著火車在新世紀將會越來越受歡迎！

鐵道王國日本擁有最多的鐵道迷、鐵道攝影家，以及研究鐵道的專家們，而關於鐵道的著作更是多的令人咋舌！我曾經站在福岡紀伊國屋書店鐵道書籍前，面對一整區的鐵道著作感動的說不出話來。那些關於鐵道的著作包括各型、各路線鐵道列車的介紹、路線規劃、懷舊車站研究、鐵道風景攝影集、列車旅行美景等等，甚至有些十分另類的鐵道話題也有專書出版，例如久保田博所著的《鐵道重大事故歷史》，內容記載一八七二年以來日本鐵道所發生重大的事故共一百八十五件；伊佐九三四郎所著的《奇幻的人車軌道》則徹底研究小田原至熱海間早期特有的人車軌道廢跡以其過去的歷史。所謂的「人車」，就是用人力推動的軌道車輛，我記得小時候烏來也有類似這種用人力推動的軌道車，由勞工推著遊客上山旅遊，如今已改為機械動力，卻沒有留下任何研究著作。

日本的鐵道文化與大自然四時的變化也有極其密切的關係，從《四時的火車便當》、《四時的列車風景》這類書籍的出版，便可窺其一二。除了感嘆日本人對大自然四時變化的敏感與美感之外，我也發現，火車這種機械交通工具已經成為日本國風景寫生中不可或缺的重要元素。事實上，火車不僅與日本自然景觀相輔相成，同時鐵道文化也融入了日本近代的文學創作之中。

從日本近代文學家的作品中，不難看見鐵道文化的痕跡；夏目漱石的作品《和尚》的主人翁原本是一位名校的教員，後來因為忍受不了學校的醜陋作為，所以回到東京，轉任東京都街鐵的技師——所謂的「街鐵」即目前東京僅存的路面電車「東京都電」。早期的東京全面西化，不僅建築、服飾學習歐洲，連路面上也有噹噹作響的電車行駛，整個都市感覺猶如身在維也納一般。不過在鐵路地下化之後，東京的路面電車只剩下東京都交通局經營的「東京都電」，又稱「荒川都電」，以及東急世田谷線的東急路面電車，又稱「玉電」。

「荒川都電」因為行駛於早稻田與荒川三之輪橋之間，因此早稻田的師生們經常利用這部電車通學，李友中在其著作《東京漂流物語》裡曾提及他與妻子在東京留學時，每當假日口袋中只剩下幾個零錢，便去搭乘東京都電逛逛老舊的遊園地或是雜司谷靈園，那裡躺臥著夏目漱石、泉鏡花、永井荷風、竹久夢二等等的文人雅士。有一年冬日，我特地搭乘東京都電去早稻田大學拜訪村上春樹曾待過的校園，這個動機有一部份是受到深海遙所著《探訪村上春樹的世界》影響，在那裡我走過醞釀《挪威的森林》情境的椿山莊高級別墅區、村上春樹的學生宿舍，以及那個村上同學晚上醉酒返回宿舍必經的胸突坡道——他還在這裡摔了一跤，頭撞痛了好幾天。

一九六八年村上春樹到早稻田大學的時候，正值東京學生運動最激烈的日子，在《一九七三年的彈珠玩具》中，村上春樹描寫機動隊衝入早稻田大隈講堂的情景，而三島由紀夫在電視上不斷地傳講他的理論，最後衝入自衛隊的基地切腹自殺。在《金閣寺》作品中，三島由紀夫也不由自主地使用火車作為主角逃離金閣寺困擾的方式，他說：「此時，我把一切都寄託在火車上，這是很叫人奇怪的說法吧！它載我一步步地向遠處移動，我怎能不信賴它？在鹿苑寺時，我經常聽到列車行經花園附近時的氣笛聲，但如今我會坐在這不分晝夜向遠方疾駛而去的東西上，我只有說這是命運的神奇。」二○○○年春天我們搭乘「超級雷鳥」列車往北陸，列車行經琵琶湖畔，遠處的高山上仍然積封著厚雪，現代的特急列車安穩的在寒風中前進，最後到達日

中央橋
本原
親和銀行
HOTARUJAYA
3 蛍茶屋
NAGASAKI BUS
長崎西洋館
2002
事とショッピングの街
33-73

2. 夏目漱石的作品《和尚》中的主人翁從教員轉行鐵道員。
3. 北海道函館市區的老電車與古典建築相映成趣。
4. 搭乘列車成為日本生活中重要的場景。

本海畔的「小京都」金澤。年邁的母親去探望她的小學同學，她們曾經一起在台南上小學，如今正如三島由紀夫當年所搭乘的火車，藉著火車帶來的神奇命運，兩位失散多年的友人在半世紀後重逢。

後來我帶著父母回到京都參加父親中學的同學會，同學會在聚餐後到公園欣賞櫻花，當年京都同志社中學的同班同學有一半已經離世，出席者也多病痛殘疾，但是當年的校舍依舊、當年的學生寮依舊、每年盛開的櫻花也依舊，這就是京都，幾乎永遠不改變的城市。正如朱天心在《古都》中所對照的京都與台北城，她形容京都是「除了四時的色調不同，每一戶人家都是恆久記憶中的那個樣子」，而對台北的形容則是「那個城市所有你曾熟悉、有記憶的東西都已先你而死了」。不過在《古都》中朱天心倒是記敘了許多早期北淡線沿線的情景，那也是許多台北人腦海中擁有的共同記憶。國內也有許多關於北淡線的鐵道文學著作，但是本土作家王昶雄所著的《驛站風情》一書卻記載了日治時期許許多多北淡線不為人知的故事。作家王昶雄曾經與呂泉生共同創作大家所熟悉的歌曲〈阮若打開心內的門窗〉，多年來他一直居住在華陰街靠近北淡線附近，因此對鐵道有一種特殊的感情。在書中王昶雄提及最初北淡線跑的是吐著濃煙的蒸汽火車頭，他也寫到一九三九年的超級颱風吹倒了一班開往淡水的北淡線列車，列車在竹圍站前的大轉彎處翻倒，死了十四人。最有趣的是他甚至敘述他的初戀也是發生在火車上，對象是一位純真可愛的中日混血少女，他們彼此在列車上眉目傳情，但碰面時卻臊紅著臉，連一句話都說不出來，最終的分手也發生在車站的月台，充滿著淒美之情。

川端康成的名著《雪國》不也是描述著發生在火車上的驚豔？主角島村搭乘著冰雪中的列車前往雪國，到達目的地之前必須先經過一座長長的隧道，在列車上他邂逅了一位「美得近似悲淒的聲音」的雪國女子。我常常在想，為何火車這種奇怪的機械工具，比起其他交通工具更容易令人產生內心情感的波動？是不是因為共同身在一個移動的空間中，有一種擁有相同目的、相同命運的親近情感。《失樂園》故事中，每一次的約會偷情都是搭乘列車，從東京到橫濱、鎌倉，最後到輕井澤結束生命。每一次從東京的月台到列車車廂、到目的地的旅店，他們的距離越來越接近，也越發感受到彼此相同的命運。

芥川龍之介同樣感受到這種火車與命運的奇特關連性，不過他的火車經驗卻常常是黑色的恐懼。在《羅生門》一書中他多次提到類似「我姊夫在距東京不遠的鄉下被火車壓死了」、「聽說他在火車上看見了幽靈」等不吉事物，他似乎認為火車與潛意識的預知系統有某種關聯性。在書中，他說，「每次我返回東京都會看見火災，有時從火車上看到了著火的山……」這種描述令我想起超現實主義畫家保羅．德爾沃（Paul Delvaux）的畫作中經常出現的深夜奔馳的黑色火車，或是黑夜中的火車站，月台上幽靈般的裸女四處走動著，整個畫面隱含著一種說不出來的不安與憂鬱。

有一年正月，我偕同妻子共同去搭乘歷史悠久的江之島電車，這部電車由藤澤開往鎌倉，途中經過旅遊勝地江之島。那是一個充滿陽光的冬日，電車沿線從狹窄的住宅後花園旁經過，漸漸地駛入幾座小鎮，特別是在腰越鎮時，電車竟然是行駛在馬路上，與汽車並驅而行，狹窄處汽車還必須禮讓電車。過了腰越站，經過一段住宅廚房後的狹長路徑，整個視野豁然開朗，寬廣的海洋與湘南海灘在眼前綿延，而右方便可見江之島的身影。

夏日的湘南海灘是衝浪弄潮的好地方，不過在晴朗的冬日裡，海灘上只有一、兩位蹺課的中學女生漫步著。電車沿著海岸公路行駛，經過七里濱、稻村崎等站，最後到達鎌倉。鎌倉附近十分清

靜幽雅，古寺林立，吸引了無數文人雅士來此。許多日本近代知名的作家，包括夏目漱石、川端康成、芥川龍之介、泉鏡花、有島武郎等人，都曾經長期或短期居住在此，進行創作講學，而他們的作品中也多有描繪「江之電」沿線秀麗景色的文字。對於喜好日本文學的人，「江之電」的確是條值得去作文學散步的鐵道路線。

二〇〇〇年暑假，我遠赴北海道作「鐵道散步」，除了前往著名的小樽交通博物館之外，也搭乘造型十分未來的「特急北斗」列車，由札幌前往函館。列車飛快地奔馳著，我則閱讀著北海道札幌出身的作家有島武郎所寫的文章〈凱旋〉。故事中的主角是一位年老的將軍，他騎著老馬趕去搭火車，在好不容易搭上火車後，開始了他在列車上對自己一生意義的省思。人生何嘗不也類似一列火車，萬物都在這條路上往死亡赴約。每一次的列車旅行，都值得對自己的生命作另一次的反省。

每一次的列車旅行，都值得對自己的生命作另一次的反省。 → 5

荒川線的漫遊

早年的東京市區並沒有地鐵路線，
滿街跑的是磬磬鈴聲作響的電車——
這種長著天線接觸電纜、
以單獨車廂在市街上行動的交通工具，
擁有一種天生令人喜愛的親和力。

1 ← 荒川線是被忙碌的東京人所遺忘的一段電車線。

山下写真館
三ノ輪橋
ワンマン
7506

1 61

3 65

2 64

漫步在池袋車站附近，可以感受到東京的繁華與現代，高聳的百貨公司架設在鐵道車站之上，以致於許多外地旅人經常迷失在迷宮般的車站通道中。特別是在池袋西口公園前的太陽城，更是東京建築的都市奇蹟。在這棟巨大的複合式摩天大樓裡，隱藏著飯店、商場、餐廳、辦公大樓等等設施，其中甚至還有一座位於高空中的水族館——裡面的海魚可能不知道自己是在高空中游泳。

太陽城底層其實是貫通數座大樓的地下商場，在寒冷的冬日，不需要暴露在寒風雪雨中，只要舒服地走在太陽城的地下層，自動行人輸送帶就會將你帶到繁華的六十階通前。大部分到池袋西口附近遊玩的人，都會到六十階通附近的夜生活區，或是更遠的太陽城商場。但是若越過王子飯店繼續往西走，你**會遇到一條稱為都電荒川線的鐵道**——這條鐵道完全不同於山手線的繁忙與緊張，事實上，它是一條路**面電車行走的舊鐵道，小巧可愛的路面電車悠遊其上**，有一種閒散的舊日情調，讓人感覺似乎時光又回到了過去一般。

荒川線電車由北往南，從荒川三之輪橋到早稻田，其間穿越王子、大塚等車站，同時也穿過許多古老的社區與錯落的靈園。一般上班族民眾通勤趕時間，並不會去搭乘荒川都電，只有少部份早稻田師生以及到寺廟靈園裡祭拜的家族，才會搭乘這輛輕巧的電車。

清晨朦朧的光線中，電車軌道旁的人家已經早早起身，伴著電車磬磬聲修剪著花木。軌道旁的繡球**花叢，開放得特別誇大。電車依舊悠悠然地駛過社區屋舍間**，穿著整齊乾淨制服的中學生，默默地望著電車的來去，似乎永遠享受著軌道旁的生活樂趣。

這是一段被忙碌的東京人所遺忘的電車線，我卻慶幸有這麼一條被遺忘的電車軌道存在。早年的東京市區並沒有地鐵路線，滿街跑的是磬磬鈴聲作響的電車——這種長著天線接觸電纜、以單獨車廂在市街上行動的交通工具，擁有一種天生令人喜愛的親和力，因為這種電車在速度上、尺度上甚至載客量上，都比較接近行人所能想像的態度，使都市居民不致於有遭受威脅的壓迫感。

一九二三年關東大地震之前，東京市區早已遍滿電車，加上當年歐式古典建築的流行，整個都市在電車鈴聲中，有如置身於歐洲童話世界裡。地震後的重建工作進行中，電車系統也迅速地修復，在震災復興紀念的儀式裡，更可以看見裝飾炫麗的花車電車。不過，隨著時代的進步、地鐵系統的發展，街道上的電車逐漸被淘汰，最後整個東京市區只剩下都電荒川線依然行駛著。

每次當我厭煩了東京的繁華與緊張，就會去搭乘荒川都電。都電緩慢的車速讓我可以輕鬆地瀏覽舊市區的種種——向右行駛，前往雜司谷靈園與早稻田；向左行駛，則往大塚、王子車站，甚至最遠的三之輪橋。

搭荒川都電前往早稻田是最適合的，這種具有懷舊氣息的交通工具，能令許多人回想起學生時代的種種。早稻田附近頗有大學城的味道，便宜的早餐店供應的是站著吃的「立食」麵點，晚起的大學生匆匆地在此站著囫圇吞下早點，便伴著鐘聲趕往教室上第一堂課。早稻田大學的地標建築——大隈講堂，是類似哥德風格的堂皇建築。當年建立的許多大學校園中，都有漂亮的講堂建築，但我必須承認早稻田的大隈講堂比起東京大學的安成講堂，少了一些威權氣息，卻也多了一些學術味道。

大偎講堂在六〇年代學生運動時期，是抗爭學生與鎮暴部隊互相攻防的重要建築。抗爭學生曾經據守這棟建築多時，村上春樹甚至在書中形容這些學生因為待在大偎講堂裡的古典音樂社太久，個個都成

とまれ
ながつま
ここにみだりにご
廃棄物の処理及び
きびしく罰せられま

2. 穿著整齊乾淨制服的中學生，目送電車的來去。
3. 音無親水公園在煩亂的市區裡，顯得十分幽靜清新。
4. 荒川線完全不同於山手線的繁忙與緊張，有一種悠遊、閒散的舊日情調。

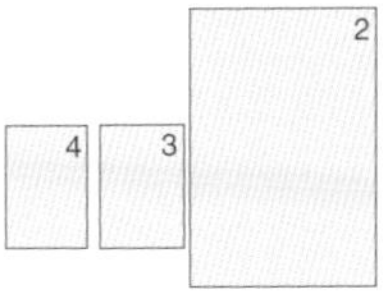

了古典音樂迷，以致於當最後鎮暴部隊衝入大偎講堂時，那些學生還正在聽著韋瓦弟的《四季》協奏曲呢。

村上春樹在早稻田似乎過得很愉快。過了駒塚橋，沿著胸突阪而上，可以前往過去村上春樹所住過的學生寮。這座特別的學生寮建築，有著歐風的庭園草皮，庭園邊上是高聳的常綠針葉杉樹，那就是村上春樹寫《挪威的森林》的靈感來源。附近美麗的庭園現在是東京最高級飯店「椿山莊」的所在，庭園中的結婚禮堂出現在許多東京人的偶像劇裡，同時也是許多東京人夢想的結婚禮堂。

「椿山莊」四季飯店對面矗立著一座巨大的金屬建築物——丹下健三設計的聖瑪麗亞大教堂。這座教堂從空中俯瞰看時呈現十字形的平面，十字線條中央縫隙由彩色玻璃構成；在會堂內抬頭仰望時，會看見天光從十字形的縫隙中射入，充滿了神聖的宗教神祕意味。更有趣的是，這座十字形平面的教堂，立

5 ← 聖瑪麗亞大教堂從空中俯瞰呈現十字形的平面立面又有如一位揚起衣袖的天使。

面卻有如一位揚起長袖衣袍的明亮天使，每當陽光照耀在聖瑪麗亞大教堂上，我總感覺教堂閃爍著銀色的光芒，叫人無法逼視。

搭荒川都電往北，在大塚站前與山手線的交會處，都電小巧的車身從高架車站下鑽過，繼續北行。飛鳥山到王子之間，有一段路荒川都電幾乎是行駛在一般路面上，與汽車並肩而行，感覺十分奇特。

在王子站下車，走下溪谷間，可以發現一處親水公園，在煩亂的市區裡，顯得十分幽靜清新。這座稱為「音無親水公園」的地方，其實是沿著音無川旁所設置的綠帶開放空間。為了讓都市居民在擁擠的水泥森林中，仍然可以找到一處充滿自然野趣的空間，特別在王子車站附近，沿著音無川設計了長條狀的自然公園空間，並且捨棄過於人工化的都市河岸設計，採用自然親水的作法，讓都市兒童也可以到溪谷中，享受摸魚戲水的樂趣。

6 ← 早稻田的大隈講堂比東京大學的安成講堂少了一些威權氣息，多了一些學術味道。

音無親水公園代表著都市人對於溪流資源的珍惜與善用。這令我想起士林夜市附近原有的蜿蜒溪流——陽明戲院旁的小溪——在髒亂遍地之後，改建加蓋為陰溝，如今上方佈滿臭亂的夜市攤販；而基隆河支流則在大肆汙染後，予以填土覆蓋，成為今天的基河路及週邊新生土地，市民從此失去了一處良好的休憩綠帶空間。

荒川都電繼續北上，最後停止於三之輪橋車站。三之輪橋地區已是十分沒落的社區，雖然當地居民努力希望藉著荒川都電的歷史獨特性，營造出社區商圈的繁榮，但是即使到處都看得到「歡樂三之輪橋」的標語海報，卻沒有太多觀光客到此地，整個市場商圈顯得落寞與孤寂，讓人不忍流連太久。

相對於池袋地區的繁華與喧鬧，三之輪橋似乎是東京都內被遺忘的一個區域，只有僅存的荒川都電依舊緩慢地、忠實地將乘客載運於此。事實上，對於忙碌的東京人而言，荒川都電也是一段被遺忘的路徑。不過，我卻慶幸在忙碌的東京市區內，有荒川都電的存在，它為我的東京旅行，永遠保留了一段恬靜的偷閒時光。

← 7 荒川線電車由北往南，從荒川三之輪橋到早稻田，其間穿越王子、大塚等車站，同時也穿過許多古老的社區與錯落的靈園。

甲11号3側
甲11

法國巴黎舊鐵道的浪漫再生

我個人其實很喜歡搭乘巴黎地下鐵，
因為巴黎地鐵系統四通八達，十分便利；
而且其獨有的歷史感與藝術味道，
令人在穿梭巴黎地鐵間，
有一種悠遊藝術史的時空轉換經驗。

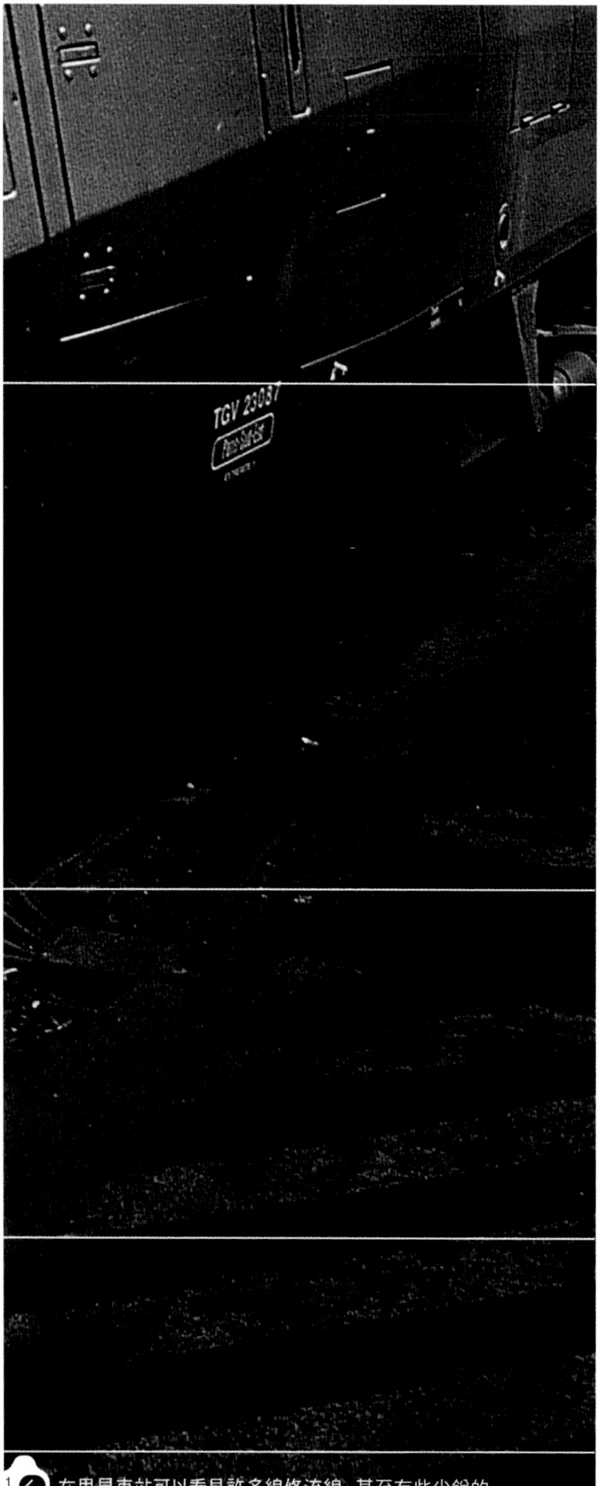

1 ← 在里昂車站可以看見許多線條流線、甚至有些尖銳的 TGV 高速列車。

SNCF

一條鐵道的命運有幾種呢？鐵道死亡後又將歸向何處呢？

當我在浪漫的花都巴黎漫遊時，心中居然想著這些奇怪的問題。事實上，巴黎是一座鐵道十分發達的城市，早在工業革命之際，巴黎人就開始習慣於這種龐大、吐著白色蒸汽的機械怪獸。雖然剛開始總有許多的害怕與無奈，但是巴黎人終究接受了新觀念，他們甚至在市中心古典建築林立的區域，建造了高聳的艾菲爾鐵塔，象徵著機械時代的來臨。不過巴黎的鐵道不像其他城市那般集中於市中心，而是以分散的方式向四面八方放射，因此在巴黎市區找不到一座巨大的「中央車站」，卻有北站（Gare du Nord）、蒙帕那斯站（Gare Momparnasse）、東站（Gare de l'Est）、里昂車站（Gare de Lyon）、聖拉薩車站（Gare St. Lazare）、奧斯特利茲車站（Gare d'Austerlitz）等等不同的火車站。以前最接近市中心區的火車站大概就是奧賽車站了，只不過這座車站如今已經成為老建築再利用的最佳典範，並且是名聞世界的印象派美術館。

我曾經想像如果巴黎真的有一座集中式的「中央車站」，那大概會設置在巴黎艾菲爾鐵塔的位置上，並且以鐵塔作為火車站醒目的地標高塔——試想所有的機械火車從四面八方湧至巴黎鐵塔腳下，一邊吐霧一邊高鳴氣笛，與鐵塔共同頌讚機械之美，那是何等壯觀的場面啊！不過事實上卻不是這樣，因為若是任由鐵道穿梭橫越巴黎市中心區，整個巴黎浪漫景觀將會被切割的四分五裂，屆時鐵橋鋼骨橫跨塞納河，嘈雜髒汙的火車穿越典雅的羅浮宮旁，巴黎將會變成另一個混亂骯髒的曼哈頓。

幸好巴黎的鐵道系統並不像我的機械美學想像，如今在巴黎市中心區的鐵道系統不是已經地下化，便是廢除不再使用。如果想在市區活動，可以搭乘歷史同樣悠久的巴黎地下鐵系統，但若

2 74
3 75

是想搭火車遠行，就必須要到分散市區外圍的各個大型火車站。我個人其實很喜歡搭乘巴黎地下鐵，因為巴黎地鐵系統四通八達，十分便利，而且其獨有的歷史感與藝術味道，令人在穿梭巴黎地鐵間，有一種悠遊藝術史的時空轉換經驗。我特別喜愛巴黎地鐵的新藝術風格設計，事實上，巴黎許多的地鐵站本身就是藝術史的活生生教材——那些十九世紀新藝術時期（Art Deco）的鑄鐵、捲曲纏繞的線條，以及類似異形小花般的奇異裝飾、古典的玻璃頂棚等等……都吸引我流連在地鐵車站旁。蒙馬特地區這幾年因為《愛蜜莉的異想世界》電影而重新走紅，前往蒙馬特的阿必司（Abbesses）地鐵車站正是典型的新藝術風格建築。

1 71

我很喜歡到巴黎不同的火車站看不同的列車。里昂車站是從第戎（Djion）那個芥末有名的城市來巴黎的入口火車站，在這個車站裡可以看見許多線條流線、甚至有些尖銳的 TGV 高速列車，還有稱為「TGV-Duplex」的雙層 TGV—這些雙層式的 TGV 載客量大幅增加，在尖峰時期，一列二組編成的「TGV-D」可以載運超過一千人，實在令人驚訝！不過這些雙層列車車頭圓潤，與原來的 TGV 大不相同，卻也顯得憨厚可愛多了。如今若要前往里昂地區，基本上都可以搭乘這種雙層列車。

7 79

這幾年來，巴黎市區的火車站也有許多更新與變化，甚至有些路線從此廢棄不用。位於里昂車站附近的高架鐵道在整個鐵路地下化之後，就不再使用，本來整個高架道路是要拆除的，但是這座以磚拱構成的高架道路，線條十分優美，浪漫的巴黎人捨不得拆，竟然就把它改造成藝術長廊與空中花園，令人驚豔。

這座橫越十一區、十二區的藝術長廊（Le Viaduc des Arts），上方是廢棄鐵道改建的空中綠林

巴黎地鐵的新藝術風格設計，許多地鐵站本身就是藝術史活生生的教材。

METROPOLITAIN

ATLANTIDE
L'EMPIRE PERDU
La SNCF et Par
PLATE-FORME
DES VOIES A À N
Sortie Cour Chalon
Sortie Place Louis Armand
Boulevard Diderot
Billets
Point rencontre
Salle d'attente
ACCUEIL

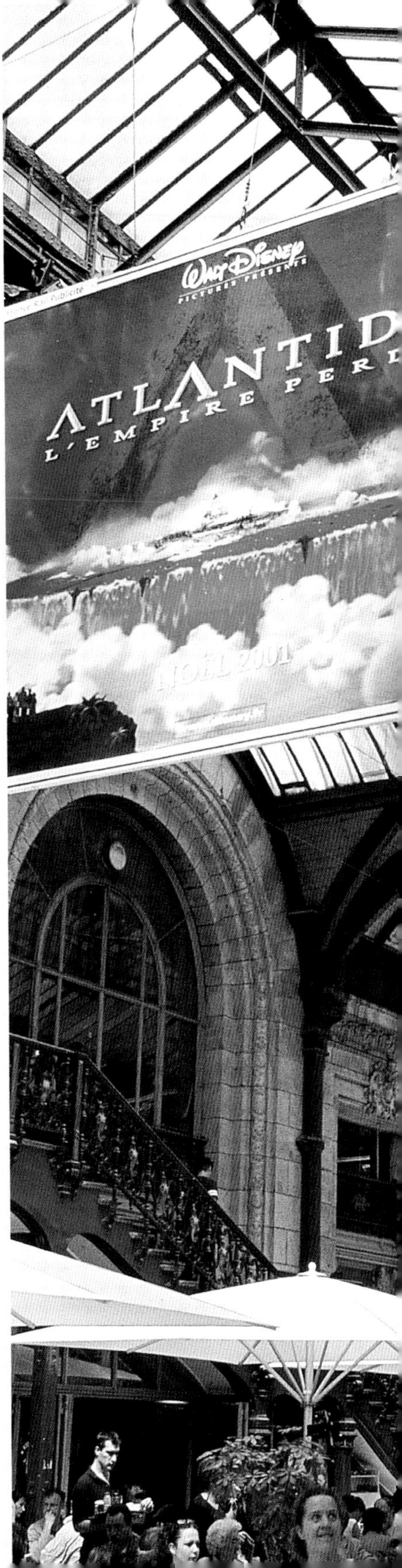

5 4

4. 里昂車站裡充滿了想要去旅行的慾望與衝動。
5. 空中花園步道系統最後來到一座新設計的公寓建築，並且從建築物中穿越。

花園（La Promenade Plantee），下方的拱廊則是一間間手工藝品店，以及飄著濃郁咖啡香的咖啡館。

一天中午我決定帶著三明治、咖啡到空中花園野餐、散步。沿著巴士底歌劇院旁的里昂路前進左轉多梅尼珥大道，就可以瞧見一整排城牆般的藝術長廊，古色古香的磚砌長廊每隔一段就有可以登上上層的樓梯，順著樓梯而上，立刻進入了一座神奇的都會空中花園。整個花園呈線狀發展，沿途有蔓藤攀附的格條木棚架遮蔭，玫瑰花香撲鼻的花圃旁有供人歇息的椅凳，後段地區甚至有長條狀的噴水池……這一切都令人以為是在路易十四的庭園內，更難以相信原來此地竟然是高架鐵道？

坐在空中花園裡的板凳上吃午餐，柔柔的陽光驅走了初秋的寒意。漫步在空中花園步道上的人們，顯得格外親切溫和，或許都會中這條神奇的綠帶花園融化了許多城市人剛硬的心，重新擁有接觸大自然的喜悅與歡愉。沿著

6 ← 越過這座神奇的陸橋，就會進入一處有大片草地的赫伊花園。

空中花園一直走，沿途花香常漫，寧靜幽雅。步道系統最後來到一座新設計的公寓建築，並且從建築物中穿越，飛越了一條大街，最後出現了一座神奇的陸橋，越過陸橋就進入一處有大片草地的赫伊花園（Le Jardin Reuilly）。整個散步過程其實是在市區十公尺上方進行，因此你可以想見那種奇特的視覺經驗——行道樹的樹梢、建築物的陽台布置、一些地面上看不見的老舊公寓面貌，都呈現在你的眼前，那是一種以低空掠過市區的飛行感。

從赫伊花園轉向位於塞納河旁的貝西公園，可以在公園內找到一棟怪異的建築物，這棟建築物簡直可以用「東倒西歪」來形容。事實上，這棟原來是美國文化中心、現在改成法國電影資料館的建築物，正是大名鼎鼎的解構建築大師法蘭克．蓋瑞（Frank O. Gehry）的傑作。他以堆疊的塊體作為這棟建築物的造型。蓋瑞其實是一位極簡主義（Minimalism）的擁護者，他不願意別人將他視為「解構主義者」，亦或是與彼得．艾森曼（Peter

7 這座以磚拱構成的高架鐵路，線條十分優美，鐵道已經改成花園步道。

Eisenman）扯在一塊兒，他只是著迷於簡單的直線、傾斜的線條，以及塊體的扭轉等。他一直覺得圖面的美感在真實世界裡，總是無法表達出平面上的美感張力。因此藉著電腦工具的協助，蓋瑞先生得以更深入地研究關於「傾斜的幾何」、「扭曲」，甚至「剝皮」等等建築課題，以致於產生了美國文化中心這種作品——充滿傾斜的幾何塊狀堆砌、扭曲的幾何、剝離的牆面，幫助他完成圖面上幾何透視的魅力，將那些不可能完成的圖面實現在真實世界裡。

從舊鐵道空中花園到貝西公園中的怪異建築，讓人感受到巴黎人的創意與包容，或許是如此，巴黎才會吸引更多有創意的人前來定居，繼續創造出令人驚奇的事物。

這個以堆疊的塊體作為造型的建築物，原來是美國文化中心，現在改成法國電影資料館。

蒸汽火車安養所

走進地圖中那塊磁石中心，我立刻被一股肅穆敬畏的氣氛所籠罩——眼前出現的不是成群的大象，而是有如大象般龐大的蒸汽火車頭，一部接著一部排列在向心圓弧的外圍。

與其說這裡是蒸汽火車頭的安養院，倒不如說這是SL機關車頭的宮殿，是機械巨獸的棲息聖地。

1 ← 穿過了一片散發著奇異香氣的油麻菜花圃，出現了一座古老的火車站，古老的蒸汽火車吞吐著煙霧，顯得十分虛幻。

C61 2
梅小路
スチーム号
JR西日本

有一次住在京都的旅館裡，心中猶豫著不知道該去什麼地方；京都四處遍布的寺廟禪院已經教人十分厭煩，而街坊間的古意盎然卻又令人感到困惑與矛盾。攤開手中的京都地圖，希望能找到一些遺忘的角落、不曾造訪過的地方。當手指游移在地圖上時，我忽然發現左下方的位置有一大片綠地，綠地上則出現一團糾結的線條——似乎這個地方具有某種磁性，吸引著地圖上的黑線條迴聚於此。只是這些黑線的糾結團塊實在太大，令我心中充滿了好奇，於是決定步行前往一探究竟。

這塊區域位於京都車站西南方不遠處。京都車站改建後曾遭許多京都人的批評與抗議，不過這幾年大家已經逐漸習慣於這座龐大摩登的車站空間。我沿著車站旁的小路通前進，曲折的巷弄有如迷宮一般，在轉折處總是矗立著一座座地藏王小廟，更增添了巷弄的懸疑性

→2 芥川龍之介認為火車與命運有著奇特的關連。

與神祕感。在都市散步的過程中，我一向偏好巷弄勝過大馬路，因為巷弄間總是充滿著許多驚奇與趣味，而京都的巷弄更是特別有趣。不過迂迴轉進之間，我差一點就要迷失了方向，好不容易才到達地圖上所顯示的那塊綠地——原來是「梅小路公園」。

穿過了一片散發著奇異香氣的油麻菜花圃，前方出現了一個古老的火車站，那是一座帶著明治色彩的異國建築，座落在綠意盎然的公園內，顯得不太真實甚至有些虛幻，有點類似宮崎駿動畫中經常出現的幻想建築。這座車站建築原本是國鐵山陰本線在京都市區的「二條」車站，在更新重建的過程中，舊有車站被遷移至公園內，當作火車博物館來使用。火車博物館裡面置放了許多鐵道古董、鐵道歷史文物、鐵道模擬操作裝置等等。其後方空地，才是地圖中黑線交錯集中之處。

3 博物館車庫前圓形的轉盤，讓圓弧上每一輛老火車頭都可以順利開出，作動態展示。

梅 小 路 蒸

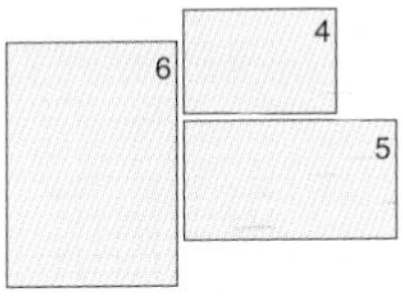

4. 原本是扇形車庫的建築物，被活用作為老舊蒸汽火車頭的儲藏所。
5. 這裡是日本最大的蒸氣機關車博物館。
6. 蒸汽火車頭落腳在十分尊重歷史文物的京都，應該是十分幸福的。

4
86

7
88

走進地圖中那塊磁石中心，我立刻被一股肅穆敬畏的氣氛所籠罩——那種感覺十分類似小時候第一次去圓山動物園，看見大象林旺龐大身軀時的震懾心情；但是此時的心情又不完全一樣，應該說比較像是看見十隻巨大的林旺共同排列時的震驚。但事實上眼前出現的不是成群的大象，**而是有如大象般龐大的蒸汽火車頭**，一部接著一部排列在向心圓弧的外圍。與其說這裡是蒸汽火車頭的安養院，倒不如說這是SL機關車頭的宮殿，是機械巨獸的棲息聖地。

原本是扇形車庫的建築物，被活用作為老舊蒸汽火車頭的儲藏所，車庫前圓形的轉盤，讓圓弧上每一輛火車頭都可以順利地開出。事實上，被收集儲放在

7 ← 大象般龐大的蒸汽火車頭，一部接著一部排列，使得此地彷彿機械巨獸的棲息聖地。

此地的火車頭，每天都會輪流從車庫中開出，藉由圓形轉盤的幫助，開上一段鐵道展示運轉，讓這些老火車頭可以動態展示。來到這座號稱是日本最大的蒸氣機關車博物館，讓我回想起童年時每每搭公車到火車站，在中山北路復興橋上，都可以遠眺火車站忙碌的景象，特別是火車站旁那座扇形車庫，更是令我印象十分深刻。車庫屋頂上一根根的煙囪突起，在夕陽下顯得十分神奇，令人有一種異國都市的遐想。後來我才知道那一根根煙囪是讓入庫保養的蒸汽火車頭吐煙的地方。不過等我長大瞭解扇形車庫的珍貴性之後，台灣地區大部分的扇形車庫都已經被拆毀殆盡，令人惋惜。

8 ← 梅小路公園車站，宛如宮崎駿動畫中經常出現的幻想建築。

京都畢竟是一座歷史古城，京都市民對於歷史文物的保護心理似乎是與生俱來。當年京都市區新建的京都大飯店高樓因為破壞京都典雅古城的天際線，還遭到許多京都市民的抗議。京都市區中許多歷史古蹟、觀光景點，甚至貼出不歡迎住在京都大飯店的人來參觀之標示，顯示出他們對於歷史文物的尊重與保護。那些在各地流浪、如今落腳在京都的蒸汽火車頭，我想應該是十分幸福的！

聽說有一個地方叫作「象塚」，具有靈性的大象在預知死期將近時，會自己前往一處固定的地方等死，所以那個地方遺留有許許多多大象的遺骸，也成為盜取象牙者最想找到的地方。對我而言，梅小路蒸氣機關車博物館就像是一座SL機關車的象塚，只不過這些老朽的機關車並沒有在此地死去，反而像養老一般，吐著煙斗的白色煙霧，繼續在此地存留。

這座扇形車庫不僅是蒸氣機關車的遺骨收容所，它其實也是整個蒸氣機關車時代歷史記憶的儲存地。

梅小路蒸氣機關車博物館讓 →9
歷史記憶永存。

冬訪門司港

音速號列車從正面觀察，有種類似機械昆蟲的奇特氛圍。
更有趣的是內部座椅設計，
每個座位上都有突起的兩個圓形靠墊，
類似米老鼠的耳朵一般，因此被稱作是「米老鼠」列車。
加上其內裝色彩鮮豔前衛，廣為小朋友們所喜愛。

1 「音速號」列車造型十分具有科幻感。

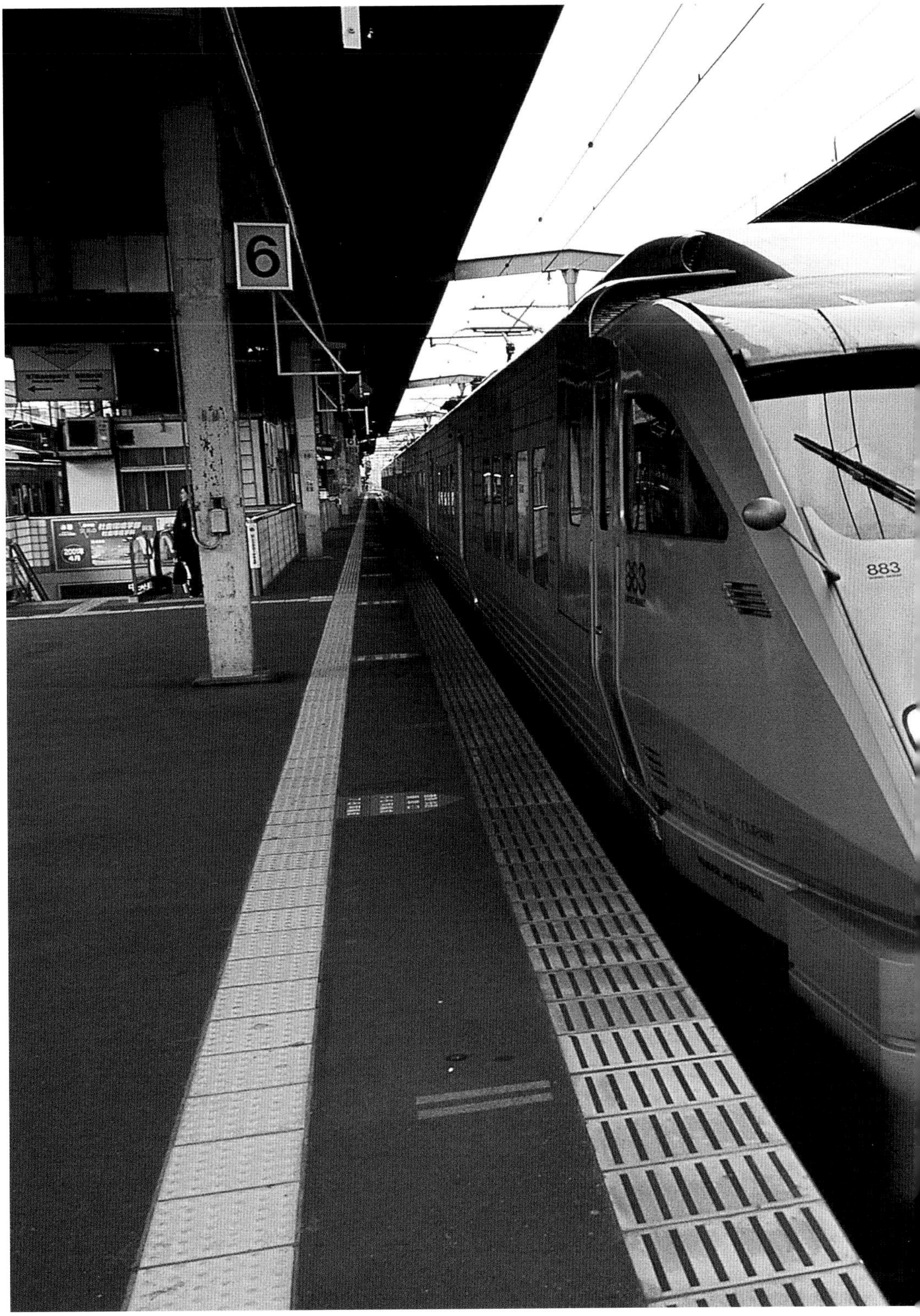
6
883

門司港這個冷僻的港口，許多人可能從來都不曾聽過，不過我竟然小時候就知道了。父親早年搭船赴日留學，那時從基隆出海的船，必須經過關門海峽進入瀨戶內海，然後在神戶登岸，轉搭火車前往京都。這一段遙遠的航程中，在進入瀨戶內海之前，船隻通常會在關門海峽前的門司港停留一陣子。那一天天氣十分寒冷，父親與同行的友人一起上岸，在港口的小料理店喝了一碗熱騰騰的味噌湯，從此，那香氣四溢的記憶就一直在父親的腦海中縈繞。日後他不斷地向我們提起，似乎那碗門司港的味噌湯是世界上最好喝的味噌湯。

從博多前往門司港無法搭新幹線的列車，因為新幹線列車從新門司就鑽入海底隧道，直達對岸的下關，而剩下舊有前往門司港的鐵道，就成了鐵道專家洪致文所說的「盲腸線」鐵路。1 93 **最好的方法是搭乘「音速號」**列車前往小倉市，再從小倉轉搭普通車前往門司港。

「音速號」（883系）列車造型十分具有科幻感，從列車正面觀察，有種類似機械昆蟲的奇特氛圍。更有趣的是內部座椅設計，每個座位上都有突起的兩個圓形靠墊，類似米老鼠的耳朵一般，因此被稱作是「米老鼠」列車。再加上其內裝色彩鮮豔前衛，因此廣為小朋友們所喜愛。穿著同樣鮮豔色系制服、戴上小圓帽的列車服務員，也都親切地像是迪士尼樂園的工作人員一般。

小倉市是北九州重要的工商重鎮，其車站建築包含有旅館、餐廳、百貨公司等設施，並搭2 96 **配高架單軌電車穿梭建築體內**，十分具有未來派（Futurism）建築的特色，是這些年來才完工3 96 的新穎站體。另外偌大的工商展市區內，還有一幢日本建築師磯崎新設計的北九州國際會議場建築，後現代風格的建築物十分引人注目。從小倉車站轉搭普通車前往門司港，整個車廂幾乎空無一人，顯得十分冷清。列車緩緩地在「盲腸線」上奔馳著，周遭的景致多為輕、重工業區，可以想見這個地區開發的時間一定很早。但是「盲腸線」到後來已無太大的商業價值，原本應該像許多地方的「盲腸線」一般被廢除拆毀，但是門司港這幾年的觀光發展卻神奇地救了這一段「盲腸線」。這幾年來，門司港因為擁有許多歷史建築以及宜人的海港風情，被規劃為一座具有歷史意義的港口觀光特定區，吸引許許多多的遊客前來度假遊覽，而前往門司港的這一段「盲腸線」鐵道，也就死而復生，重新擔負起運送觀光客的重要任務。

門司港的歷史悠久，港區的歷史建築不僅富麗堂皇，同時也具有強烈的歐洲風味，顯示出二十世紀初，日本在全面工業化之下的崇洋性格。以門司港的火車站為例，這座典雅華麗、具有德式風格的建築，建於一九一四年，與東京車站幾乎同一年完工，是日本境內第二古老的車站建築，一九八六年被日本政府指定為鐵道相關文化財第一號，獲得永久保存的殊榮。這座火車站位於九州鹿兒島本線的起點，目前仍然保持著過去歷史的種種，甚至連廁所設備與洗手台也都是古色古香的古董。車站餐廳「紗舞館」則以牛肉涮涮鍋聞名，在此用餐可以體驗百年前在此候車的情景氛圍。其他歷史建築，還包括：舊門司稅關廳舍、日本船舶通信公司大樓、大分銀行門司分店，以及北九州市立國際友好紀念圖書館（仿中國大連的德式建築）。而科學家愛因斯坦夫婦住過的舊門司三井俱樂部，其都鐸式的木造建築內，至今仍保有正式的歐風餐廳，供應好吃的牛肉燴飯套餐。在此接受穿著正式的女侍服務，可以體會歐洲貴族的生活。此外港區內還有磚造塔樓的北九州市舊大阪商船會館，裡面陳列著早期行駛門司港的商船模型，其中有好幾艘船是專門行駛台灣與門司港航線的。

在門司港大飯店旁的港區，為了塑造成一處供行人徒步的人性空間，特別建造了一座行人

KOKURA STATION
PLAZA
小倉

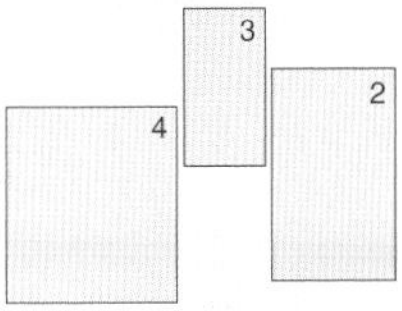

2. 小倉市車站建築搭配著高架單軌電車穿梭建築體內，十分具有未來感。
3. 磯崎新設計的北九州國際會議場建築。
4. 門司港火車站是日本境內第二古老的車站建築。

專用的開合橋，讓行人可以直接越過港區，同時也不至於影響遊艇的進出港。這座被稱為「藍色之翼」的行人徒步橋，是日本境內第一座行人徒步的開合橋，也成為門司港令人注目的新景點。日本人這種尊重行人的態度總是令我十分敬佩，他們不僅為遊港的旅人設計了一座開合橋，為了讓人們有機會親近海水，更在港灣內隔開了一處淺水區，讓所有遊客不論男女老幼在看海之餘，還可以安全地在淺水區中捲起褲管玩水。

　　很難想像在日本北九州地區，居然可以見到許多義大利建築師阿多．羅西（Aldo Rossi）的建築作品。日本人對歐洲名牌大師的崇拜，其實一點都沒

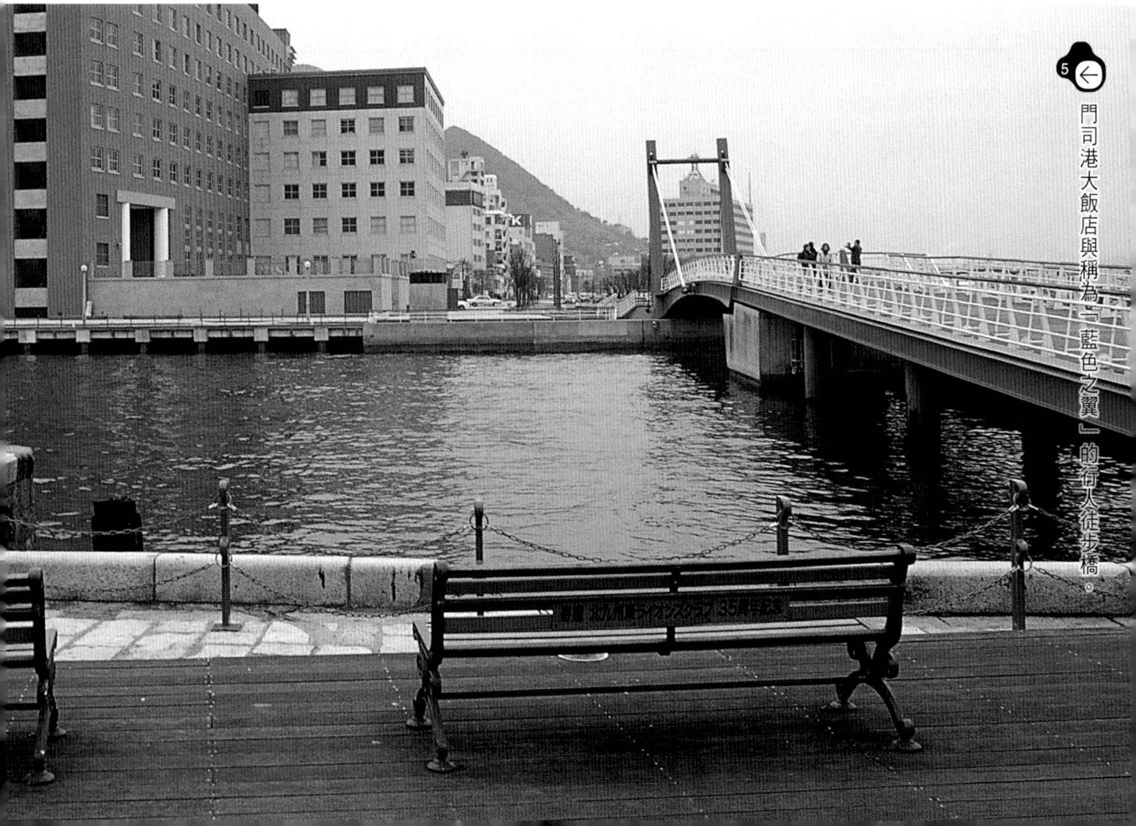

5 ← 門司港大飯店與稱為「藍色之翼」的行人徒步橋。

有改變。阿多．羅西的重要作品「尊屋」，正位於博多中洲情色風化區對岸的一條小巷子裡——這條巷子以供人幽會偷情的愛情旅館聞名。為了在這個混雜、猥瑣的區域內建造「尊屋」，建築師羅西特別將整個建築基地抬高，將建築物安置在有如帕德嫩神廟的台地上，並且以莊嚴如神廟般的柱式排列，作為整個建築物的立面。在擁擠的愛情旅館區內，顯得有如鶴立雞群般的尊榮，這座建築被稱為是「尊屋」，的確是名副其實。不過諷刺的是，這棟旅館內除了幾個後現代風格的夜店酒吧之外，也還是博多人幽會的愛情旅館，只不過價格比一般賓館昂貴罷了。

6

門司港港區的設計十分人性化。

建築師羅西後來也在門司港設計了一座具國際水準的大飯店。整個門司港大飯店的設計理念，竟然是從門司港的「門」這個漢字而來，呈現出不同的空間佈局。這座典雅的大飯店建築，幾乎成了門司港火車站之外，最重要的建築物之一。夏日來此度假住宿，可以觀賞海景、遊覽附近歷史建築，是觀光客的最佳選擇。越過行人開合橋之後，登上一九九九年才完工、由黑川紀章所設計的摩天大樓展望台上，可以鳥瞰整個門司港港區，所有剛剛走過的歷史建築也一一展現在眼前，甚至可以清楚看見多條鐵道匯集在門司港車站的壯麗景觀。

冬天走在通往「藍色之翼」行人開合橋的步道上，寒風凍人，海水味十分濃重。看著古典的門司稅關廳舍建築，我想起了父親說過的那碗熱騰騰的味噌湯，或許他那時候喝著味噌湯，眼前所看見的正是這棟建築吧！

門司港鳥瞰。右前方是「藍色之翼」的行人徒步橋，中央是門司港大飯店，後方綠色屋頂的建築則是門司港車站。

→7

悠遊的城市之旅

3

山手線的環行

綠色的車廂繞行著東京都中心地帶，
山手線日復一日輸送著成千上萬的民眾，在擁擠的東京市區往返奔波，
當月台的音樂響起，山手線的列車便準時地啟程，繼續前往下一個擁擠的車站。
有人說山手線的轉動，象徵著東京人的生活，
我卻認為山手線列車在軌道上喀答喀答的節奏聲，根本就是東京都的心跳與脈搏。

1 ← 山手線以圓圈的方式，環繞東京中心而行。

山手線
YAMANOTE LINE
JR

1 105

綠色的車廂繞行著東京都中心地帶，山手線日復一日輸送著成千上萬的民眾，在擁擠的東京市區往返奔波，當月台的音樂響起，山手線的列車便準時地啟程，繼續前往下一個擁擠的車站。生活在東京都內的人們，不論是紳士貴婦，或是販夫走卒，幾乎每天都要搭乘這條環狀運輸路線，這令我想起迴轉壽司店內，迴轉台上各式各樣的生魚片壽司。這許多來來往往的人們，各自在這座巨大的城市裡，擁有自己不同的人生，好像迴轉壽司店裡，櫃檯軌道上各式各色的握壽司，奔跑在迴轉不停的軌道上。有人說山手線的轉動，象徵著東京人的生活，我卻認為山手線列車在軌道上喀答喀答的節奏聲，根本就是東京都的心跳與脈搏。

法國文學家羅蘭．巴特（Roland Barthes）訪問過日本東京之後，認為東京市與西方都市十分不同；一般西方都市都有所謂的「市中心」，通常是教堂、集會堂或是廣場等等；但是東京都卻是個「空心的都市」，她沒有市中心，因為市中心是皇居，一般市民無法進入，在地圖上甚至有如一片空白。既然東京是座空心的都市，鐵道就不可能經過市中心地帶，只有以圓圈的方式環繞中心而行——山手線就是這樣一條環狀的鐵道。

東京雖然沒有市中心，但是在環狀的山手線上卻有好幾個分散式的市中心，包括：池袋、新宿、澀谷等等，這些車站地區便成為人們對於東京市中心僅有的印象。在整個環狀山手線上，雖然有許多車站都已經朝高度商業化發展，整座車站與百貨商場、地下街共構，形成一個個龐大的車站建築體，初次來此的人甚至會迷失在車站內。但是有幾處車站保有其歷史建築的特色，例如：明治時期知名建築師辰野金吾所設計的東京車站

6 112

（1914）、具英國田園風格外觀的木造原宿車站（1924）、以及逐漸具有現代簡潔線條

外觀的上野車站（1935）。這些車站讓山手線的旅行更具有歷史感與懷舊的浪漫情調，同時也證明了現代都市發展與歷史建築保存並不是不能並行的。對於我而言，我當然喜歡類似原宿車站、國立車站等小巧可愛又富歷史趣味的建築；但是有時候我也不得不承認，那些巨大車站體內迷宮般的甬道、五光十色的地下街、四通八達的行人輸送帶，同樣令我沉迷。特別是在天寒地凍的下雪日子，可以在那裡面不撐傘走個好幾公里。尤其是新宿東口的地下通道，與辦公區的摩天大樓共構，曲折綿延的地道，有如迷宮一般。但是對於上班族而言，這些地道卻可以讓他們不受風寒地，直達辦公大樓。池袋車站的巨型站體也是如此，整個車站與東武、西武百貨連結一氣，車站內除了書店、服飾店、飲食街、超級市場之外，還有美術館、西武鐵道車站、東武鐵道車站。附近的劇院，甚至太陽城地下街，也都有如蜘蛛網般的通道串連，令人驚嘆！

東京的都市觀察學者認為，山手線的市民風格基本上與中央線的居民風格有著極大的不同；中央線的風格較接近庶民的輕鬆自在，正如在西荻窪、中野、阿佐谷所看見到的穿著格子襯衫、綁著嬉皮頭巾、手提菜籃的日常民眾生活一般；而山手線的風格就比較接近上班族專業人士的雅痞形象，特別是東京車站丸之內區域，澀谷、新宿、池袋、原宿青山、惠比壽等地區，素雅的米色、白色風衣幾乎成了山手線居民的制式服裝。而且山手線上的乘客也與一般電車線的喧擾不同，所有人在擁擠的車廂內幾乎不說一句話，安靜地令人不安。山手圈人們的壓抑與內斂很清楚地在電車生活中展現出來。

原宿車站附近的青山區正是山手風格的最佳展示區，沿著表參道周邊的林蔭巷道漫步，可以感受到東京市區難得的悠閒氣質。表參道可算是東京都的香榭大道，兩旁的街

2 ← 東上畫花園廣場的開放空間與公共藝術。

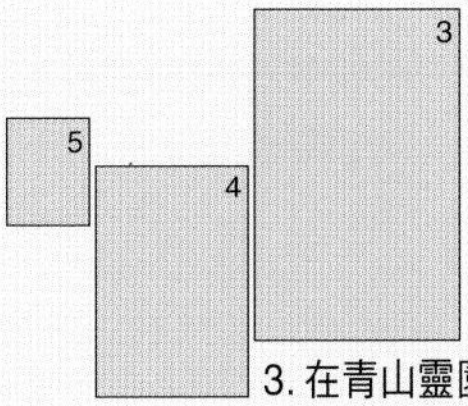

3. 在青山靈園旁可以見到北川原溫所設計的 SCALA 建築。
4. 澀谷是東京年輕流行的發信地帶。
5. 池袋太陽城地底下，有如蛛網般的通道串連，形成巨大的地下都市。

道佈滿了名牌旗艦店，不論景氣指標如何，每天仍舊有許許多多的名媛貴婦流連其間。相對於表參道的貴氣逼人，表參道巷道內的神宮前區域則充滿著青春與藝術氣息。這個區域內有許許多多的個性商店，甚至有許多藝術工作者、髮型設計公司進駐其中。即將拆除重建的青山同潤會會館旁天橋，串連起一道與表參道垂直的步道系統，被人稱作是「貓街」（Cat Street）；一方面是因為這個地區的確常常有貓隻出沒，另一方面狹小有趣的步道，與這名稱有許多趣味性的聯想。不論如何，最近「貓街」的人氣指數越來越高，週末假日悠遊其間的民眾絡繹不絕，這個地區也

6 ← 東京仍保有其歷史建築的特色。

因此產生了許多特有的都市交通工具與建築。其中最令人訝異的是穿梭於南青山地帶的人力三輪車，這種具環保形象的人力車，有著不同於以往的造型，十分流線與新穎，其動力組合除了人力之外，也可以儲存動力在上坡時釋放能量，減少車伕的使力。對於喜歡逛街購物的貴婦人來說，這真是再好不過的選擇！在這些巷道間漫遊，也可以輕易發現一種機動的臨時咖啡屋，那是由小貨車改裝的臨時性建築，可愛的小貨車停放巷口，鮮花加上陽傘與招牌，四周瀰漫著濃郁的咖啡香，

青山區有許多名建築師所設計的建築，從原宿車站

→7 表參道有如東京都的香榭大道。

出來往外苑前走去，可以見到竹山聖所設計的 TERRAZZA，這座建築有如一座山丘一般，有著高聳的塔柱，以及一路向上爬升的階梯，屋頂上還有劇場狀的階梯，可讓人坐著欣賞落日。外苑西通上還有國際級建築師瑪利歐・波塔（Mario Botta）所設計的美術館建築。事實上，神宮前至青山區這一帶幾乎是建築師們的競技場，包括安藤忠雄、隈研吾、團紀彥、黑川紀章、伊東豐雄、北山孝二郎、鈴木恂、北川原溫、鈴木愛德華、慎文彥等人，在此地區都有設計作品。建築大師安藤忠雄最近更接下了表參道上同潤會青山會館的改建案，透明清朗的外型，令人十分期待！若是沿著外苑西通直下，在青山靈園旁則可以見到北川原溫所設計的 SCALA 建築，兀自矗立在路口。這座建築被稱

3 110

作是「死亡建築」——建築體頂端有一突出的跳板，被稱作是「死亡的跳板」，表達出建築師奇特的建築哲學與人生觀。若是春天櫻花盛開之際，青山靈園的櫻花與建築物相互映照，則形成一幅奇特的畫面。

4 111

澀谷是東京年輕流行的情報發信地帶，此地的建築建造在山坡與谷地之間，除了熱鬧的百貨大樓之外，也可以發現幾座有趣的建築作品。沿著井的頭通而上，建築師鈴木，愛德華所設計的派出所建築就矗立在三叉路口的中央，靈感來自荒謬劇《犀牛》的派出所作品，正面有如一張笑臉，側面卻像是一把鋒利的斧頭。派出所的後方是澀谷地區夜生活的重鎮，居酒屋、燒肉店林立，再下去就是安靜卻可見情侶出沒頻繁的愛情旅館區。灰黑色的派出所建築矗立在此，似乎有著鎮邪的作用，對於熱鬧的澀谷地區治安功不可沒。穿過派出所右轉「西班牙階梯」，可以看見超現實主義建築師北川原溫的劇場建築「RISE」，其紋風不動的屋頂布幕造型，呈現出建築的超現實感。回到公園通上，若林廣幸的 SH 建築在路口矗立，火箭造型的尖塔與歌德式教堂的飛扶壁融合，

充滿著機械建築的意象與動感。我很喜歡到SH建築頂樓餐廳用餐，享受機械尖塔的特殊空間經驗。

澀谷另一側的松濤區，充滿著藝術氣質，許多私人美術館、別墅、藝廊皆設置在此。其中最著名的建築除了松濤美術館之外，就是建築師渡邊誠所設計的青山製圖學校。這座八〇年代設計的學校建築，造型卻是一隻機械怪獸的模樣，與周邊民宅相較，十分突兀顯眼，卻也反映出戰後一代建築師受到機械怪獸影像媒體影響的必然結果。

搭乘山手線繼續南下，惠比壽站原是一片啤酒工廠廠區，後來經過都市更新規劃，幻化成今天摩天辦公大樓林立、開放空間幽雅的惠比壽花園廣場。品川、新橋附近也在這幾年更新規劃，矗立了許多摩天大樓，改變了人們過去對這些地區的老舊印象，開拓了東京邁向新世紀的願景。不過最令人讚嘆的新建築倒不是東京車站旁的丸之內百貨大樓，而是位於有樂町車站鐵道旁的東京國際會議中心（Tokyo Forum）。這座建築物配合基地旁鐵道的轉彎弧度，塑造出一棟梭形曲線的漂亮建築。建築體完全是鋼骨與玻璃所組合，中央樑正如大船的龍骨一般，整座建築物有如一艘玻璃船，室內空間在陽光下明亮光華，呈現出東京新世紀的希望與企圖心。雖然建築師並非日本人，但是所有來到這座會議中心開會的來賓，莫不為東京市能擁有這樣一棟建築而讚嘆。

除了這些新建築之外，搭乘山手線電車悠遊東京都，還是可以在許多車站附近找到極富歷史感的建築物與街景，例如上野車站附近上野公園裡的美術館，竟然是現代建築大師柯比意的作品；日暮里車站後方谷中靈園的櫻花盛景令人驚豔；巢鴨車站附近

地藏王街的阿婆時代趣味十足；以及大塚車站旁荒川線路面小電車在路面叮叮行走的景觀，都是搭乘山手線電車可以觀察到的東京萬象。每一天清晨山手線電車又準時地開始運轉，代表著東京市生命活力的生生不息，搭上山手線列車，我總是重新充滿熱情，準備再去發現未知的東京建築。

東京國際會議中心整座建築物有如一艘玻璃船，室內空間在陽光下明亮光華。

阿姆斯特丹的環城電車

對於一位都市偵探而言，在這座運河之城遨遊，
除了騎腳踏車之外，搭乘四通八達的路面電車，可說是非常聰明又便利的選擇。
蛛網般的電車路線足夠旅行者前往城市中的各個地區，
而且搭乘電車在城市中遊蕩，可以從容自在地欣賞運河城市的浪漫景色，
是一種絕佳的都市觀察工具。

1 搭乘電車遊逛運河之城阿姆斯特丹。

Hooi, precies op
706

以前我並不知道世界上除了威尼斯之外，還有一個被眾水環繞的城市。運河之城阿姆斯特丹雖然沒有威尼斯文藝復興式的輝煌與壯麗，但是這座新教徒的城市卻謙虛地可愛，同時也安靜地令人意外。曾經有許許多多精明的商人，從這裡向外拓展，猶如今天的台灣中小企業人士一般。

這座城市與許多外國城市都有相關的命運，據說紐約曼哈頓當年曾以阿姆斯特丹作為建設的藍本，稱作是「新阿姆斯特丹」；此外，此地的博物館中居然收藏了大批與福爾摩沙台灣島有關的地圖與古文物。令我好奇的是，如果當年台南繼續被荷蘭人所佔據經營，今天的台南是否也會發展成另一個類似阿姆斯特丹的運河之城？

我在清晨抵達阿姆斯特丹的機場，五點多的機場冷清的可怕，但是遠遠的火車站售票亭卻已經點亮了燈火。我買了張往市區的車票，便搭著火車進城去了。搭著火車進阿姆斯特丹城是正確的選擇，因為整個市區道路及運河的發展，似乎就是以火車站為中心來規劃的。阿姆斯特丹中央火車站的歷史十分悠久，火車站後方就是港口。在以往鐵道運輸盛行的日子，許多貨物從須德海運入，然後直接停靠在火車站後方，卸貨在等待的貨運列車上。

中央火車站採用荷蘭文藝復興式建築，其典雅華麗之姿，在阿姆斯特丹市區可算是首屈一指，可見過去荷蘭人對於這座車站的重視。我站在中央車站前觀看整個車站的富麗堂皇，思索著為什麼荷蘭這樣一個簡約樸實的新教國家，會在阿姆斯特丹蓋出一棟如此華麗的工業殿堂？這樣一座建築，既不是博物館，也不是皇宮或總統府，荷蘭人何苦作這樣的投資呢？當我還在為這些問題找答案時，計程車司機已經前來問候，我只好選擇一部賓士計程車，將行李拋入行李箱中，任由這位荷蘭司機以超高速賽車選手的姿態，將我帶到辛格運河邊的鬱金香旅店。

有人說認識一座城市，可以從搭乘計程車開始，不過我在阿姆斯特丹搭乘的計程車，卻與我日後所認識的荷蘭大大不同。

事實上，中央車站的確是阿姆斯特丹都市的重心，不論是運河的規劃，亦或是電車路線的設計，幾乎都以這座車站為中心。對於一位都市偵探而言，在這座運河之城遨遊，除了騎腳踏車之外，搭乘四通八達的路面電車，可說是非常聰明又便利的選擇。蛛網般的電車路線足夠旅行者前往城市中的各個地區，而且搭乘電車在城市中遊蕩，可以從容自在地欣賞運河城市的浪漫景色，是一種絕佳的都市觀察工具。因此聰明的旅行者都會買一張可自由上下車的電車券，從火車站開始搭乘路面電車，以逆時針的方向悠遊整個城市，飽覽阿姆斯特丹的運河與建築。

中央車站既然是阿姆斯特丹的都市重心，因此不僅擁滿了旅行者與通勤者，前方廣場也充斥著許多旅館掮客、扒手、金光黨騙子，以及毒販和妓女，是個龍蛇雜處的地方。不過在複雜的人群中，也經常出現許多街頭藝人，為整個空間注入歡笑與活力。

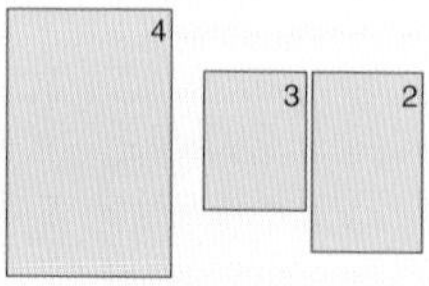

2. 阿姆斯特丹臨水岸的咖啡座。
3. 廣場上的民族小英雄銅像，每天被換上不同的裝扮。
4. 為了保留街屋立面，阿姆斯特丹市民努力撐起搖搖欲墜的建築立面。

SPACE ODDITY"

小心翼翼地避開形跡可疑人士的糾纏，搭上顏色鮮豔可愛的街頭電車，就開始了我的運河城電車之旅。阿姆斯特丹的各個城區幾乎都遍布著運河、綠樹與街屋，乍看之下，很難分辨自己到底身處在哪一區裡。不過各個城區內，似乎都有一座高聳的地標建築塔樓，因此只要仰首觀看塔樓的特色，大概就可以知道自己身在何處了！例如約旦區（西運河區）的地標是西教堂，這座教堂擁有阿姆斯特丹全城最高的鐘塔（八十五公尺），巨大的教堂內據說葬著畫家林布蘭的遺骨。而教堂邊的房子——「安妮之家」，就

5 ← 阿姆斯特丹成排街屋倒映在運河水面上。

是名著《安妮的日記》的真實地點。然而納粹逼迫猶太人的故事，總會讓我陷入非常深沉的悲傷，因此，於我始終不敢踏進博物館內參觀，只能遠遠地向教堂邊的安妮銅像致意。西教堂運河對面的街屋倒是十分精巧可愛，特別是面對「鮮花運河」的房子，充滿著寧靜與恬美。我望著街屋立面上的窗子，心中想像著若是住在這樣的房子裡，清晨起床望著運河倒影，該會是何等幸福的景象。

西教堂對面的街屋，好幾棟立面幾乎都已傾斜，似乎就快要崩塌。但是荷蘭人就是捨不得拆

6 寧靜的早晨，腳踏車行駛在運河旁的林蔭道上。

毀，還是以巨大粗壯的木材撐著，維持著傾頹的模樣，希望將來可以整修復原。怪不得整座阿姆斯特丹城市建築可以維持這般美好的浪漫景觀。

大學區的地標是高聳的南教堂，我第一次穿越阿姆斯特丹大學，走過典雅的活動吊橋，沿著兩旁翠綠樹蔭的羅恩保運河（Groenburgwal）望去，視覺的焦點就是漂亮的南教堂高塔。這幅美麗的畫面似乎早已存在於我的腦海中。我記得小學時候，回家的路上總會經過一家畫廊，畫廊櫥窗中擺著一幅油畫，畫的正是羅恩保運河的景象。幼年的我不敢相信人世間真的有運河、綠蔭、教堂尖塔所構成的這樣美好的景物，如今景物出現在眼前，令人有如夢似幻的感受。

舊區的地標建築則是位於運河邊的蒙特班斯塔（Montelbaanstoren）。這座尖塔的底座屬於中世紀城牆碉堡的一部份，而上部高塔則為後期增建，是早期水手乘小船在此聚集、準備換乘大船出海的地方，目前為阿姆斯特丹水路局的辦公室。細心研究林布蘭畫作的人，不難發現林布蘭的畫作中，曾經多次出現這座高塔的蹤影。

從運河望去，蒙特班斯塔後方水面上有一個巨大類似輪船般的綠色建築物，這棟建築正是建築師比阿諾（Renzo Piano）所設計的海事博物館。這座海事博物館建築本身正有如一艘巨輪航行入港——令人聯想到世紀初那艘悲慘的鐵達尼號豪華郵輪，但是建築師比阿諾卻希望它是一艘令都市活力再現的奇特方舟。

這座海事博物館被命名為「大都會」（Metropolis），與世紀初德國導演佛列茲．朗（FritzLang）所拍攝的《大都會》電影同名。《大都會》電影所描寫的城市是一座分裂的都市，上層城市是少數貴族仕紳享受的休閒花園廣場，而下層城市則是充滿機械感的地底工廠。「大都會」海事博物館以綠色的金屬船形泊置於港灣之內，想前往參觀的民眾必須穿越一座橋樑才能到達。博物館內部陳列了許多船艦的引擎、渦輪，以及許多關於海事的機械裝置。而博物館建築上層屋頂部分，則順著傾斜之勢，設計成大片的階梯座椅，讓一般市民也可以在黃昏時刻坐在博物館的屋頂階梯上，眺望港口的夕陽餘暉。

整個海事博物館的空間經驗與《大都會》電影中的城市空間有異曲同工之妙。比阿諾所設計的「大都會」海事博物館，事實上為阿姆斯特丹這座城市開創了新的都會場所，提供更多讓市民可以共同享用的開放空間，這是與《大都會》電影中的城市最大的不同點。

舊區中另一個高聳的建築地標是舊教堂。舊教堂龐大的身軀周圍竟然淪為阿姆斯特丹的紅燈區。風化業在這裡如此猖狂，一方面因為阿姆斯特丹歷史上原本就是水手匯集的海港城市；另一方面，這座城市的自由容忍風氣，使得這些紅燈區不斷地成長壯大。其實此地不僅色情業盛行，同性戀者也將此地視為他們的迦南美地——在這裡同性戀者可以合法結婚，而吸食大麻者甚至有合法公開的的咖啡店可以盡情享受大麻的迷醉。

不論如何，搭乘電車遊逛阿姆斯特丹市，欣賞運河中成排街屋的倒影，實在是一件愉快的事。若是中途下車，還可以在廣場旁的戶外咖啡座喝杯咖啡。中午肚子餓了，還可以買一份北海的鯡魚生魚片填填肚子，加了洋蔥、檸檬的鯡魚，滋味十分鮮美可口。電車坐累了，也可以到梵谷博物館欣賞畫作，或是租一輛出租腳踏車，悠遊在安靜的運河巷弄間穿梭。精緻的荷蘭街屋建築真的會讓人誤以為是在小人國遊樂區中，而穿梭其間的各種顏色電車，就像是一輛輛樂園中的遊園車。

清爽的夏日，在阿姆斯特丹消磨一兩個禮拜，搭乘電車四處遊蕩，將會是永難忘懷的記憶。

阿姆斯特丹是自行車愛好者的天堂。

7

南海電鐵與大阪建築

喜歡南海電鐵特急列車的原因，一方面是因為這輛列車海藍色的身影以及圓形的開窗，常常令我有一種潛入海底的輕鬆感與浪漫幻覺；另一方面，由京都建築師若林廣幸所設計的特急列車，充滿著科幻機械的魅力，有些類似電影《海底兩萬哩》中的美學形式。當然對於看日本卡通成長的孩子而言，南海特急列車更像是卡通中「鐵人二十八」重現江湖的勇猛造型。

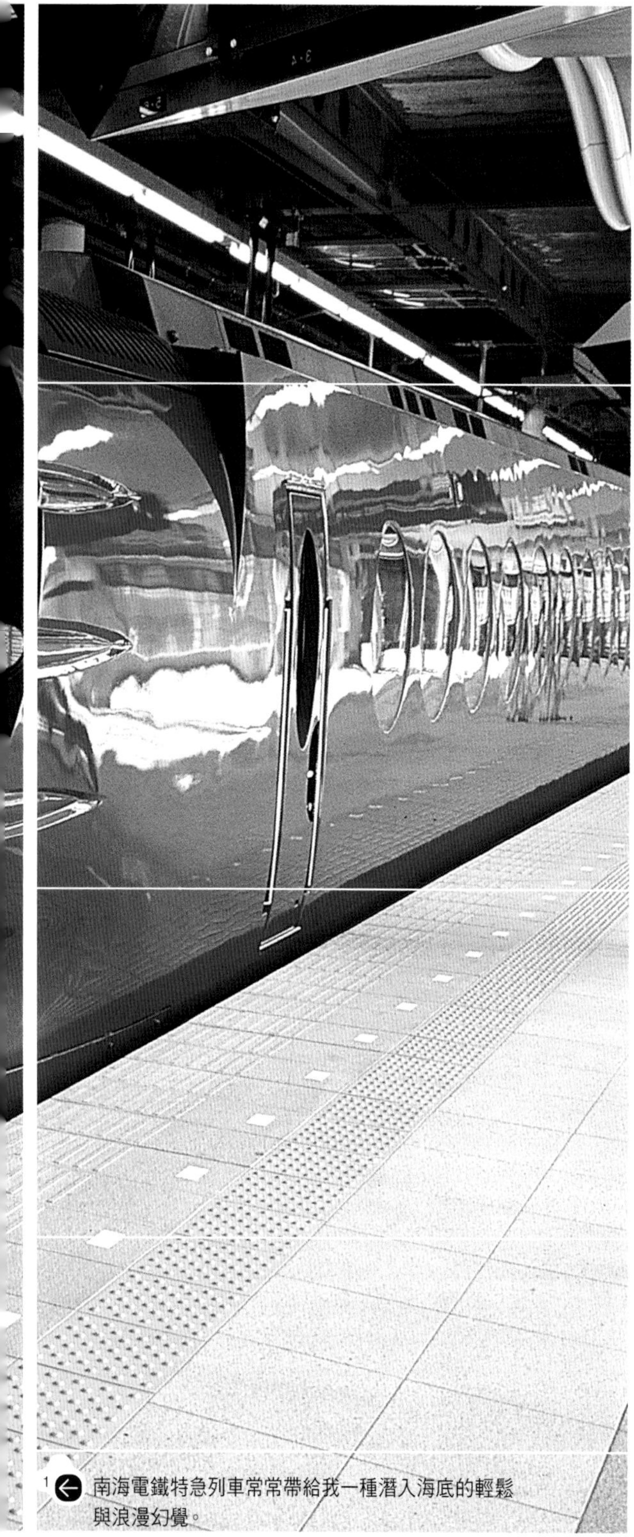

1 南海電鐵特急列車常常帶給我一種潛入海底的輕鬆與浪漫幻覺。

前往大阪的方式很多，但是從關西空港前進大阪市區的路徑中，卻有一種兼具有科幻想像與浪漫氛圍的選擇，那就是搭乘素有「鐵人二十八」之稱的南海電鐵特急列車（Rapid）——這也是我前往大阪最喜歡的方式。

喜歡南海電鐵特急列車的原因，一方面是因為這輛列車海藍色的身影以及圓形的開窗，常常令我有一種潛入海底的輕鬆感與浪漫幻覺；另一方面，由京都建築師若林廣幸所設計的特急列車，充滿著科幻機械的魅力，有些類似電影《海底兩萬哩》中的美學形式。當然對於看日本卡通成長的孩子而言，南海特急列車更像是卡通中「鐵人二十八」重現江湖的勇猛造型。

我必須承認搭乘南海電鐵從高科技建築師比阿諾（Renzo Piano）所設計的關西機場中衝出，疾馳在跨海大橋上，令人有一種想要飛翔在海面上的衝動。若林廣幸以其所設計的古典機械美學建築聞名關西地區，他所設計的火車同時也讓我感受到一種日本特有的古典科幻氛圍。若林廣幸之所以可以設計出這種奇特風格的建築與火車，實際上與他的成長背景有關。出生於京都的若林廣幸，體內流動的是古都傳統的血液，但是身為戰後嬰兒潮的一代，成長過程中充滿著機械人、怪獸等電視卡通，深受科幻意識的影響，因此他的設計作品，經常揉合了機械科幻與古典機械的意象，在關西地區十分受人矚目。

大阪自古以來就是一座經濟城市，工商業發展都十分蓬勃，相對地，也吸引許多遊客從四面八方湧入。通常一個城市建造鐵塔有兩個原因，一方面是因為城市的發達，市民自信心高漲，希望彰顯城市的威望；另一方面，建造高塔既提供市民登高俯瞰城市的機會，同時也可以讓外來觀光客分享城市的榮耀，戰後大阪所建造的通天閣正是這種心態下的產物。

通天閣正如其名，具有「通天」的高度與企圖心，但是這個名稱總讓我聯想到《聖經》上的巴別塔。這座歷史上最早的摩天大樓，在人類驕傲心的作祟下，希望通達天庭，與天神平起平坐，無奈驕傲卻也成了它毀滅的主因。通天閣的造型與東京鐵塔的纖細高挑有些不同，其上方的觀景台較為寬廣，造型有如一座科幻的太空基地，因此也經常成為怪獸片中慘遭怪獸攻擊的重要目標。

在那個大戰結束的年代，通天閣可說是大阪進步科技的象徵，外地來的遊客也總要到通天閣一遊，瞻仰大阪市的榮景。大阪市似乎很喜歡建造這類通天的機械摩天輪，除了通天閣之外，在天保山港區水族館旁，還有一座可以看山看海的巨大摩天輪。日本人稱呼摩天輪為「觀覽車」，特別強調摩天輪的重要都市功能。事實上，從天保山這座摩天輪上觀望，確實幾乎可以望見整個水岸環繞的大阪市區，甚至遠眺到神戶、蘆屋。

大阪市區另一座令人驚異的摩天輪座落在梅田區的百貨大樓頂端。戰後的日本百貨業盛行將遊樂園置於樓層頂端，而遊樂園中高聳的摩天輪更成為大人、小孩夢想中逛百貨公司的圖騰象徵。然而，梅田區這座摩天輪卻與傳統的屋頂遊樂場不同。它的紅色大觀覽車不僅僅放置在屋頂，事實上，它是與整棟建築共同設計建造的，因此抬頭仰望這座百貨大樓，猶如見到大樓上方卡著一座摩天輪。

KIRIN
PLAZA OSAKA
Arbeit News
ogura

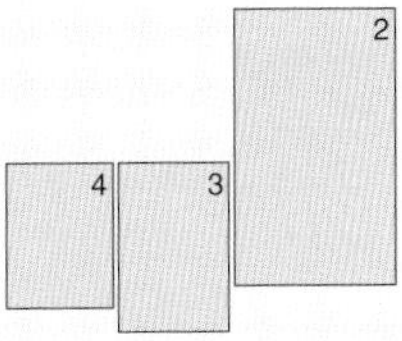

2. 大阪道頓崛附近高松伸所設計的麒麟啤酒廣場大樓。
3. 通天閣這個名稱總讓我聯想到《聖經》上的巴別塔。
4. 阪界電鐵是大阪城唯一存留下來的路面電車。

大樓內部天井半空中懸掛著一隻巨型的紅色鯨魚，逛街的人們進入大樓之後，就順著挑空天井裡的電動扶梯扶搖直上，一層層地進行著消費儀式。隨著樓層的升高，消費儀式的情緒也持續高漲，當血拚心情幾乎到達沸騰之際，你會發現自己已置身在頂樓摩天輪入口處。順勢進入紅色的觀覽車廂裡，讓機械轉輪帶著進入大阪的天空中，消費儀式終於達到最高潮——俯瞰繁華的商業城市大阪，所有人都會不禁為這座商業大機器發出讚嘆。

一座城市擁有了鐵塔與摩天輪，似乎也就不需要摩天大樓了。大阪人在通天閣及摩天輪之後，既然已經「通天」又「摩天」了，因此在建造高樓時就不再建造類似尖塔狀的摩天大樓，反而

5 ← 原廣司所設計的D-HOTEL讓我們這些在陌生城市漂泊流浪的過客，可以找到一處安身立命的角落。

是以營造一種類似「天空之城」的超高層空間來進行。建築師原廣司（Hara Hiroshi）在大阪車站附近建造了一座高聳的「天空之城」（Sky Building），雙塔上方有一圈環狀結構連結，有如天使頭上的光圈一般，那一圈環狀結構正是天空之城的所在。登上天空之城可以感受到置身整個大阪城市之巔的興奮！如果登上通天閣已經算是「通天」，那麼登上天空之城更有如生活在一座奇異的天堂城市一般。

事實上，當我站在天空之城，俯瞰底下水脈交錯、商業活動鼎盛的大阪市時，我聯想到的竟是耶穌在曠野受試探的情景；當時魔鬼也是將耶穌領至山頂上，俯瞰山下的繁華城市，告訴耶穌只要願意膜拜他，這一切都

6 大阪道頓崛附近美食街道上似乎是怪獸聚集的熱鬧場所。

將歸於祂。耶穌在山頂上拒絕了魔鬼的誘惑，戰勝了城市物質的試探。如今我站在天空之城頂端，試圖去向自己內心發問，我是否能抗拒都市中的一切誘惑？是否能戰勝種種的慾望？站在大阪城上空，這一切似乎變得難以回答了。

大阪道頓崛附近街道是美食聚集的地方，在街道上似乎也是怪獸聚集的熱鬧場所。

大阪人擅長將機械與美食巧妙地結合——風行各地的迴轉壽司就是大阪人結合機械輸送帶與傳統握壽司美味所產生的奇特組合，而舞動大剪子、噴吐著煙霧的將軍大螃蟹更是美食街流行的機械設備。事實上，在道頓崛附近的餐坊店家，總是喜歡利用大型電動道具作為特色招牌；因此除了賣海鮮的商家用的是漁船建築、販賣大螃蟹的餐廳用的是螃蟹之外，河豚料理店用河豚、金龍拉麵店用一條龍等等，都充分顯示出街道符號的味蕾記憶。

漫步在各式各樣的怪獸道具招牌下，品嚐種種的關西美味，我感受到一種與東京下町完全不同的熱鬧氣息。喜愛老式串揚料理的人可以到通天閣下的老街區內，與大阪的老年人們一起擁擠在油炸香氣與冰涼啤酒混雜的料理吧檯，讓自己完全融入關西美食料理中，想像自己化身成為那隻攻擊通天閣鐵塔的醜陋怪獸。

在大阪市區並不是只吃得到池波正太郎《美食散步》書中那些江戶風情的料理，在美國街附近還可以找到熱呼呼的元祖章魚燒，作為逛街時補充體力的簡便食物。而蛋糕專賣店「哈布斯」的美味甜食，更是我每天都市觀察結束前給自己最好的獎勵。高貴的歐風蛋糕店更是充滿了幸福的氣息。我喜歡看著櫃檯內穿著黑白制服的侍者切蛋糕的模樣，俐落的刀法與包裝，每每讓我陷入層層水果千層派的迷霧中，總要請她幫我切一塊來品嚐品嚐。當奶油與新鮮水果在舌尖化開之際，我似乎認識了大阪城屬於歐洲典雅的另一種風情面貌。

關於這棟造型奇特的瘦長建築，令我驚訝的是其周遭的環境，竟然多是閃爍著霓虹燈的愛情旅館。原廣司所設計的 D-HOTEL 似乎與其周遭環境不太搭調，清水混凝土的單純牆面與花俏誇張的鄰近旅店，承現出蓮花出淤泥而不染的強烈對比。

住進 D-HOTEL 是一個奇遇，也是另一種幸福。當天因為訂房失誤，我們一群建築人被趕出難波區的飯店，拖著行李流浪街頭的我們，心想既然要去看建築，不如碰碰運氣，直接住進 D-HOTEL 體驗一番。

D-HOTEL 旅店建築因為位於高架快速道路轉彎的路旁，因此平面呈現狹長型的D字，反映出高架橋的轉彎弧度。每層樓狹小的空間中，除了中央電梯垂直動線之外，就只能分割成兩間套房，套房冷調的設計，令人感受到那種窩居都市水泥叢林中的落寞。但是當我住進客房，坐進那個房間盡頭半開放式的按摩浴缸時，剛好從狹窄佈滿霧氣的窗口望見高架橋上的車流，忽然一種強烈的安定感自內心浮現，原來原廣司所設計的 D-HOTEL，根本是一座堅固的水泥碉堡，它讓我們這些在陌生城市漂泊流浪的過客，可以在快速移動的交通系統動線之間，找到一處安身立命的角落。即便只是兩片水泥牆所形塑的空間，卻提供了無比穩固的蔽護所。有了安穩的居所，再加上滿腹的飽足，我慢慢覺得這座城市是個小市民可以安居樂業的好地方。

4
135

走過千日前的電車通附近，想像過去這座城市也曾經有電車滿街跑的畫面，如今想要感受路面電車的平民精神，只有到天王寺一帶搭乘阪界電鐵。阪界電鐵是大阪城唯一存留下來的路面電車，穿越通天閣那些老人擁擠的小巷後，可以找到座落道路中央的電車站，買張票，然後任由小巧的路面電車帶你走過喧囂的阿倍野蘇活區，再轉入高級的住宅區、落後的後巷，以及毫無特色的近郊宿舍住宅區。然後你才知道原來大阪城並不都是熱鬧擁擠的市町，小市民依然可以搭著小電車叮叮噹噹地在寂靜的社區間往來生活。

原來關於大阪希望建造通天建築的企圖心，並不是每個人都有。在大城市裡，小市民永遠可以過自己喜歡的生活。

建築師原廣司在大阪車站附近建造了一座高聳的天空之城。→7

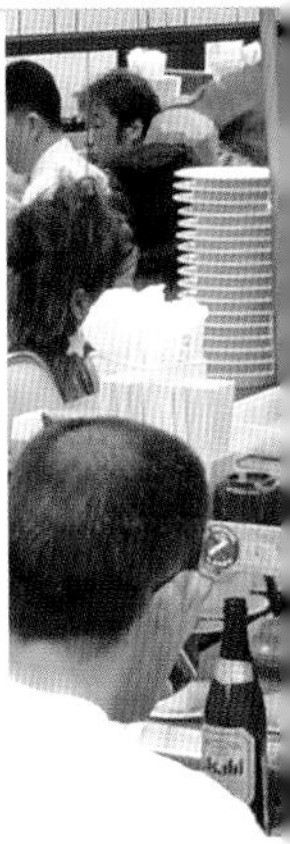

迴轉壽司與鐵道文化

高度現代化的生活中仍難忘飲食傳統的日本人，創造出稱為「迴轉壽司」這種奇妙的飲食文化。迴轉壽司又被稱作是「火車壽司」，因為是從鐵道運輸得到的靈感，許多壽司店也乾脆使用大型的火車鐵道模型來運送壽司。喜愛火車的鐵道迷應該都會喜歡吃迴轉壽司，因為所謂的迴轉壽司根本就是一組餐車鐵道系統。

每年到東京進行建築散步旅行，總是不忘到澀谷那家極有名的迴轉壽司築地本店大吃一頓。這家店食材新鮮、價錢便宜，很適合逛街之餘前往補充體力。相較於台灣迴轉壽司店那些不夠新鮮、魚蝦肉質薄如蟬翼的壽司，想要在迴轉壽司店大快朵頤，也只有前往東京時才能實現。每次坐在迴轉壽司輸送帶旁，望著輸送帶的轉動、壽司師傅的裝束、捏製壽司的手藝，都叫我十分著迷。同時我也想起歷史中一項熱烈爭議。

關於工藝與機械生產之間的對立問題，在十九世紀末曾經掀起極大的論戰風波。許多人認為機械大量生產將是時代趨勢，並且有助於社會階級的平等，但也有人憂心機械大量生產，將使得產品美學沉淪，甚至造成生活品味的滅亡。建築師法蘭克．萊特（Frank Lloyd Wright）曾經針對這項議題深思研究，同時也以具體的建築材料進行實驗。他將一種可以鑄模大量生產、帶有馬雅文化幾何紋路裝飾的預鑄水泥磚堆疊起來，創造出雕樑畫棟的藝術效果。這種結合機械大量生產與工藝設計的水泥磚，成為萊特建築的一項特色，同時也化解了工藝與機械之間長存的矛盾現象。

相同的矛盾現象也存在於飲食文化中。食品工業無論如何努力發展，機械大量生產下的食物，永遠不能與那些料理大師手中的美食藝術相較。特別是日本傳統飲食文化中的壽司料理，好吃的握壽司取決於壽司師傅的手藝及新鮮的食材，是機械文化難以仿效的。而迴轉壽司卻是一項異數。

日本最早的迴轉壽司據說是從大阪市發源的。大阪街道以巨大的電動招牌聞名，機械與飲食的結合對大阪人而言應該不太陌生。大阪人首先想到將機械輸送帶運用到傳統的壽司行業，研發出一種結合手工藝與機械生產的迴轉壽司吧檯。穿著傳統衣衫的壽司師傅站在吧檯內，以傳統純熟的手法捏製握壽司，再將捏製的壽司放置迴轉檯上，讓輸送帶載著壽司去旅行，送到顧客的眼前。

開發迴轉壽司的輸送帶，速度控制十分重要，速度太快，年幼的孩童來不及取用，而速度太慢，則讓急性子的老饕受不了。最後設計者發現將迴轉速度設定在每秒鐘八公分是最適宜的。有些廠商甚至開發出如高速公路般的立體高架系統，上面放置各種食器道具，輸送帶旁則設計了熱水水龍頭，食客只要將綠茶包放入杯中沖泡即可飲用。更有趣的改良形式，出現在美國西岸舊金山的日本城內，一種猶如「曲水流觴」式的迴轉壽司，吧檯內的輸送帶改為流動的水道，生魚片與壽司則由一艘艘的小木船載運，在顧客面前流轉。我曾經去吃這種運河式的迴轉壽司，拙劣的筷子持法，幾乎弄翻了幾條生魚片木船。

不論如何，迴轉壽司的確是一種結合傳統技藝以及機械裝配線的絕妙組合。建築大師萊特當年若有機會嘗試，想必也會讚不絕口吧！

碼頭輕型鐵道與朱庇利地鐵建築

從倫敦地下鐵所看見的倫敦是古典與陳舊的，
但是從碼頭輕便鐵道與朱庇利地鐵上所看見的倫敦，
卻充滿繁榮的願景與科幻的想像。
這種高科技與古典建築融合的都會空間感，
正是倫敦市區令人著魔的趣味。

1 搭乘碼頭輕型鐵道遊走倫敦城市新興區。

倫敦地鐵四通八達，幾乎所有地方都可以藉由地下的「管子」（Tube）到達，因此在倫敦市區探險，只要搭乘地鐵便可四處巡行。倫敦地鐵歷史悠久，地下鐵站區狹窄沉悶，常常可以聞到駭人的尿騷味，上下班時間擁擠的程度又經常叫人喘不過氣來，甚至有人在地鐵內昏厥、失去意識。不過這些老舊的地鐵系統在二次大戰時卻發揮極大的功用。當年希特勒以轟炸機與V-2火箭大舉攻擊倫敦市區，希望以不止息的轟炸瓦解英國人民的戰鬥意志。倫敦市民在恐懼中生活，夜晚大夥兒只有移到倫敦地鐵站內才可以安心睡覺，倫敦老舊的地下鐵扮演了重要的防空洞角色。

倫敦的地鐵系統發展至今已有一百多年的歷史，老舊的鐵道與場站已逐漸令人生厭，因此倫敦市在上個世紀末開始發展了新的地鐵系統——朱庇利地鐵線（Jubilee Line），以全新的設計扭轉人們對地鐵系統的印象。倫敦市區在上個世紀末有了更新的拓展，他們在南碼頭區建立起新的金融中心，突破了倫敦舊市區的空間限制。但是這個新世界並沒有倫敦地鐵的到達，只有一條稱為碼頭輕便鐵道（Docklands Light Railway）的交通系統。這條鐵道系統多以高架方式行駛，提供都市探險者更開闊的視野景觀，成為建築觀察最佳的交通系統。

碼頭輕便鐵道系統起點在金融重鎮西堤區的「銀行站」（BANK），「銀行」這個站名正好反映出這個地區的產業特色，此站附近銀行金融業林立，著名的高科技建築倫敦洛伊（Lloyd's）保險大樓也在附近。這座由建築師理查・羅傑斯（Richard Rogers）所設計的高科技建築充滿了陽剛的重金屬氣質，為了彰顯其高科技的機械特性，建築師還特別把所有想得到的建築設備——包括電梯、廁所、樓梯等，都放在建築物表面，讓整座建築呈現出複雜的機械歌德風格，晶亮的金屬建築物像一座機械怪獸兀自站立在古典的西堤區建築群中。剛開始人們總是覺得這座建築怎麼看都格格不入，但是最近這座金屬建築已逐漸被人們接受，建築物旁還開了許多家星巴克（Starbacks）咖啡館，迷人的咖啡香瀰漫在洛伊建築金屬大廳內，有種高科技城堡被咖啡香包圍的奇異感受。事實上，這種高科技與古典建築融合的都會空間感，正是倫敦市區令人著魔的趣味。

從銀行站啟程，碼頭輕便鐵道很快便鑽出地面，沿途是許多新興的展覽中心，以及逐漸增加的高級公寓住宅。輕便鐵道沿線車站採取標準化設計，其中許多模矩可依不同基地條件予以變化。不過這些車站標榜著「流線型的未來交通工具」，而且是無人看管的自動化車站。雖然具有前瞻性的科技管理夢想，無奈人性的黑暗面永遠無法進化，倫敦市民心中對於這些無人車站是否能提供使用者足夠的安全保護措施，仍然十分地存疑。

輕便鐵道轉了個大彎，眼前便是高聳的新興金融區——金絲雀碼頭（Canary Wharf）。其中最高的地標式高塔建築便是美國建築師西撒．派利（Cesar Pelli）所設計的，其方尖碑造型的設計，企圖塑造出一7 155 **種紀念性強烈的商業地標。金絲雀碼頭車站**的設計也是出自於西撒．派利建築師事務所，這座車站不同於其他小型無人車站，他們用光明的圓弧狀玻璃屋頂去凸顯商業區的亮麗與繁華，這種光明的清潔感配合衣著亮麗的金融上班族，塑造出倫敦金融重鎮的新前途。雖然金絲雀碼頭區是否可以真正蛻變成為倫敦的新興金融區，許多人仍持保留態度，但是新的地鐵系統朱庇利線通車至此，卻帶來了極大的希望與人潮。

朱庇利地鐵在金絲雀碼頭的站體，是由高科技建築師諾曼．福斯特所設計的。這位聲望卓著的建築師果然不同凡響，打破了人們對過去倫敦市區地鐵站的狹窄幽暗印象；他以開廣的入口與玻璃天窗，試4 151 **圖為地下車站引入更多的天光，充滿未來感的入口玻璃蓋將日光順著電扶梯帶入地下二十四公尺深的月**3 150 **台。地面上摩天大樓間的景觀花園裡，出現兩座類似飛碟狀的玻璃蓬**，有如公共藝術品一般，午餐時間

BROWNS

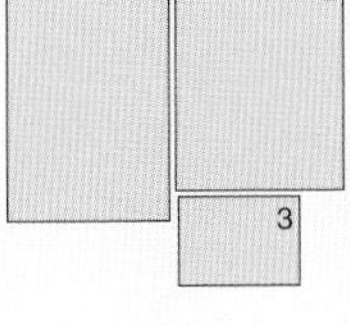

2. 往西印度碼頭的水道上，有一座奇妙的人行步橋。
3. 朱庇利地鐵採光罩是飛碟狀的玻璃蓬，同時也是景觀花園中的藝術品。
4. 朱庇利地鐵線全新的設計扭轉了人們對地鐵系統的印象。

總會吸引一些上班族，帶著三明治在周圍休憩進食。寬敞的地鐵站台、流暢的動線規劃，使得朱庇利地鐵顛覆了倫敦地鐵的迷宮惡名，為倫敦市區的未來帶來更大的期待空間。

在整個金絲雀碼頭商業區附近還有許多有趣、與水有關的建築物，特別是通往西印度碼頭的水道上，有一座奇妙的人行步橋，這座纖細的橋樑，以一種低矮、蹲踞的姿態，伸展在腳掌般的浮具上。萊姆綠的橋身使得整座橋樑有如松藻蟲（Waterboatman）一般，悠閒地在水面上滑動，簡單卻完美達成了輸送行人的重要任務。西印度碼頭以前是貨運倉庫區，如今仍存在著大批廢棄倉庫與巨型機械起重機，因此有人動腦筋將舊有倉庫再利用，改造為個性化的高級餐廳，並且將那些港邊的起重設備保留，作為碼頭的歷史見證物。許多金絲雀碼頭商業區的上班族受到了吸引，在中餐時間或下班後，穿越浮橋至此用餐，塑造了另一處極具懷舊魅力的都市空間。

5 泰晤士河堰由六座巨大奇異的水門所構成是倫敦洪水的終結者。

碼頭輕便鐵道繼續行駛，可以到達格林威治村，但是人們也可以在島嶼花園站（Island Garden）下車，然後在泰晤士河邊進入一九〇二年建造的河底人行隧道前往對岸。河底隧道陰涼深邃，有些令人生畏，不過古典的升降機加上高科技的監視系統，還是成為兩岸居民往來極其方便的便道，甚至騎著腳踏車都可以輕鬆地在泰晤士河下通過，實在是奇妙至極。

若是在金絲雀碼頭改搭乘朱庇利地鐵到北格林威治站下車，便可以到達建築師理查・羅傑斯所設計的「千禧巨蛋」所在。千禧巨蛋是倫敦千禧建築計畫中一項重要的設計，展覽館造型新穎、充滿未來夢幻的空間想像，無奈這座千禧建築經營不善，開張幾年後就面臨被拍賣、甚至即將拆毀的命運。所謂的「千禧建築」竟然無法千古流傳，實在是高科技建築的一大諷刺，這或許也是建築師始料未及的悲哀結局吧！

6 ← 倫敦的地鐵系統發展至今已有一百多年的歷史。

5
152

雖然千禧巨蛋的命運不佳，但是位於巨蛋不遠處、泰晤士河口上的水閘卻是屹立不搖。六、七〇年代，為了解決洪水的問題，專家學者們提出了許許多多關於治水的工程機制，最後才決定在碼頭區的河上建造目前的泰晤士河堰，用來阻擋沿河口倒灌而來的洪水。泰晤士河堰由六座巨大奇異的水門所構成，水門之間有可上昇下降的檔板，擋住由外海衝入的洪流。水門上方建築造型十分特殊，呈現出一種船殼般的屋頂形式，屋頂的表面包覆著不鏽鋼皮層，在陽光下閃耀猶如中世紀武士的盔甲，保護著水門內部的機械裝置（可反轉水壓撞鎚）。事實上，這座奇特的建築正是倫敦洪水的終結者。

有人認為這座人類的防洪設施建築應該可以列為「世界第八大奇景」。但是洪水防衛武士並非是永久的，只要溫室效應持續發酵，海水水位將不斷上升，據說依照目前洪水上昇的速率來看，這座洪水終結者可能只能再撐二十多年，屆時，倫敦當局可能必須要再重新建造新的泰晤士河防衛武士了。

從倫敦地下鐵所看見的倫敦是古典與陳舊的，但是從碼頭輕便鐵道與朱庇利地鐵上所看見的倫敦，卻是充滿繁榮的願景與科幻的想像。或許這種新舊融合的複雜景象正是倫敦市的真實本相吧！

金絲雀碼頭車站的設計出自西撒·派利建築師事務所。 →7

4

夢幻的建築之旅

分離派與紅電車

分離派的藝術家與建築師們並非是維也納歷史上唯一的前衛人士。怪才百水先生的理想有如一個無政府國度，一個嬉皮社會，人們以自力造屋的方式營造家園，創造出都市人所嚮往的理想住屋。建築教育在這裡似乎是多餘的，人們憑著自己的美感和直覺便可以創造出天堂。百水公寓的存在，我覺得根本就是對整個維也納富麗堂皇建築的嘲笑。

1 維也納環城電車猶如一座移動的城牆。

SPÖ
Viktor Klima:
RODIER
Habsburgerg. 1a
GALERIEN
3

我對都市軌道電車有一種說不出來的懷舊情感。在二十世紀初那個氣息奇特的年代，許多建築發達的城市，都有軌道電車滿街行駛，形成一種前所未有的都市景觀。但是這種有趣的景象卻在地鐵捷運的建造下逐漸消失。都市居民從地面轉入地下，在黑暗中快速移動，看不見都市建築的變化，甚至也失去了對都市全貌的印象。

對於一位都市旅行者而言，路面電車提供了親切的行動遊覽服務，不會太快的速度讓乘坐者可以從容欣賞風景，是很人性化的都市交通工具。這些年來，許多城市再次想到路面電車的好處，開始重建電車系統，作為大型捷運的轉運配套措施，因此掀起了一股電車熱潮，甚至有人稱之為「電車復興時期」。

2 162
1 159

歐洲許多城市在建設電車系統時，因為城市街道狹窄，便以拆除城牆後所開闢的環城大道為主要線路，建設出環城的電車系統，維也納便是這樣一座擁有環城電車的城市。搭乘電車，可以很輕鬆地欣賞維也納最重要的建築。維也納電車塗裝著鮮亮的紅色，兩節車廂連結在一起運行，是維也納醒目的城市地標。從某個角度觀察，這套環城電車系統其實也有如紅色的活動城牆，以城中心史蒂芬大教堂（Stephansdom）為圓心，像圓規一般畫出圓形的維也納舊城區。

對於一位旅途困倦、雙腳疼痛，再也無法長途跋涉的人而言，環城紅電車是欣賞維也納建築風華的最佳交通工具。特別是厭倦歐洲皇族那種宮殿式復古主義建築的旅人，可以在電車沿線找到富有反叛精神的分離派建築，和改革精神強烈的建築師奧圖·華格納（Otto Wagner）所設計的傑作。

坐在現代主義大師阿道夫・魯斯（Adolf Loos）所設計的「咖啡博物館」內，室內卻陳舊
5 164 地令人失望，侍者疲倦厭煩的神情也叫人不耐。但是坐在破爛的咖啡座裡，卻可以遠眺對街的
分離派會館在陽光下閃爍著金色光芒，有一種超現實的奇異美感。當年分離派的建築師們竟然可以在復古主義的潮流下，設計出如此異類的建築，實在令人讚嘆！單純方塊組構下的白色建築體，頂著一球金色桂冠葉，當年的反對者笑稱它是「鍍金的大白菜」，如今嘲笑者早已作古，對今人而言，這座分離派會館乃是超時代的設計創意。會館大門上的蛇髮女妖雕像、奇特的貓頭鷹、纏繞的樹枝，都是十九世紀末新藝術時期好用的異類圖像，充分表現出世紀末的頹廢與華麗。

我特別注意到會館內壁畫的「飛天」——那是以飛翔的人表現出「渴望幸福」的主題，其實所謂的「飛天」也就是「天使」的另一種造型。世紀末的維也納，關於天使的傳說似乎十分流行，環城電車線的另一站，建築師華格納的郵政總局建築矗立在大道旁，屋頂上站著的
3 163 正是持著花圈的有翼天使，似乎在慰藉著世人在亂世中徬徨的心靈。每次坐著紅色電車晃過郵
局旁，看著張開雙手的天使，心中總有一股被祝福的感覺，在天寒的維也納顯得十分溫暖。

事實上，這尊天使雕像在華格納所設計的郵政總局建築物上，也已經站了快一百年了。一九〇六年落成時，建築師華格納以機械文明的新時代思考，創造了當年前所未見的建築形式；整棟建築內的大廳被大片的玻璃天窗所覆蓋，呈現出復古建築所沒有的明亮空間，內部空間則處處顯示出設計者的用心，許多細部構建至今仍完好如新，令人讚嘆；比如大廳暖氣空調
4 163 的通風管設計簡潔俐落，流露出一種機械美學的陽剛氣質，連電影《蝙蝠俠》的場景設計，都
免不了將這個造型加入其中。牆面上顯示日期的告示板也是黑白對稱設計，突顯出現代建築的

DER STANDARD
AUSTRIAN AIRLINES
AUSTROTEL
MUSEUM MODERNER KUNST
La casa,
il corp
il cuore
Konstruktion
der Identitäten
20er Haus
24.6.–10.10.1999
Arsenalstraße 1 · 1030 Wien
täglich, außer Montag · 10–18 Uhr
Linien D, 0, 18, 13A, 69A, S-Bahnen
Haltestelle „Südbahnhof"
http://www.MMKSLW.or.at/MMKSLW/
Entwerter
1354

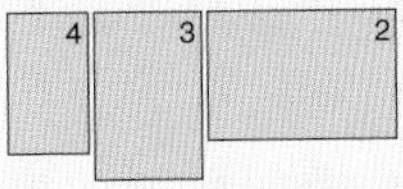

2. 搭乘環城電車是參觀維也納的最佳工具。
3. 建築師華格納所設計儲金郵局建築上的天使雕像。
4. 儲金郵局建築內部設計，現代感十足。

純淨精神，現在看來仍毫不過時。鋼鐵與玻璃素材的大量使用，是十九世紀末建築發展的一大特色，華格納在郵政大樓正立面設計了金屬材質的柱子以及玻璃雨庇，在那個充滿復辟色彩的年代，華格納的確扮演著時代先驅者的角色。

跳下紅色的環城電車，輕鬆散步往卡爾教堂（Karlskirche）附近，不是去瞻仰那座和鼠疫有關的感恩建築，而是該建築附近一座華格納所設計的車站。卡爾斯廣場車站（Karlsplatz）是華格納在十九世紀末的重要作品，充滿著新藝術時期華麗而頹廢的裝飾，其構造、材料大量使用金屬與玻璃，是維也納最有名的新藝術風格地鐵站。地鐵站位於地底下，佔地面積十分廣闊，但是地面上只有兩棟設計精緻的建築，一棟如今被規劃為華格納紀念館，另一棟則是名為「華格納咖啡館」的餐館。取名奧圖．華格納的咖啡館是否說明了華格納的建築作品，不僅是一座車站而已，

5 分離派會館是座十分前衛的建築。

同時也適合做為一處咖啡館？我坐在建築物前的戶外咖啡座，一面啜飲著奶油味濃郁的維也納咖啡，一面欣賞著卡爾斯廣場車站的正立面，心中有一股過聖誕節般的溫馨滿足感。我想華格納若地下有知，也會高興這座建築與咖啡店的結合吧！當咖啡香飄散在整個地鐵站中時，生命中的幸福感受又再度復活了。

分離派的藝術家與建築師們並非是維也納歷史上唯一的前衛人士，怪才「百水先生」（Hundertwasser）的神奇素人建築作品才叫人驚奇！百水公寓並非位於環狀電車線上，但是換乘不同路線的紅色電車還是可以輕鬆到達。乍見百水先生的公寓，實在難以相信這種拼貼垃圾般的建築物竟然可以安全地矗立在市區，而且還不顯醜陋，反倒夢幻般地叫人迷醉！百水先生的理想有如一個無政府國度，一個嬉皮社會，人們以自力造屋的方式營造家園，創造出都市人所嚮往的理想住屋。建

6 ← 華格納所設計的卡爾斯廣場車站。

築教育在這裡似乎是多餘的，人們憑著自己的美感和直覺便可以創造出天堂。百水公寓的存在，我覺得根本就是對整個維也納富麗堂皇建築的嘲笑。

觀看維也納的建築動態，有時令人覺得愚蠢，當年這些建築總代表著某些人的豪情壯志，如今時間流逝，今昔建築的雜陳對比下，一切有如彼此的諷刺。只有環形電車仍舊持續地迴轉著，車上的旅人看盡這座城市的一切。

紅電車經過百水先生的奇怪公寓建築。

西班牙AVE高鐵與賽維亞新建築

許多人可能和我有相同的經驗，
以為既然是搭乘AVE高鐵這種高科技列車，
車站一定是如龐畢度中心一般的高科技風格建築，
沒想到卻竟然步入一座
佈滿熱帶植物的溫室叢林。

1 ← AVE高鐵是當年為了賽維亞博覽會特別建造的。

AVE

1 169 **在馬德里車站搭乘AVE高鐵**是一種奇特的經驗。AVE高鐵是為了一九九二年賽維亞（Sevilla）博覽會特別建造的，是當時西班牙境內最先進的鐵道系統，但馬德里車站本身卻是座古老的歷史建築。火車站龐大的舊建築內，如今被改造成熱帶植物茂密的溫室花園－今日的溫室花園，昔日竟然是一座十九世紀晚期的火車車庫，感覺十分奇特。

6 175 **這種老建築的另類保存法，這幾年在西班牙並不罕見，馬德里車站對面的蘇菲亞美術館**（Museo Sofia）就是很好的例子。蘇菲亞美術館原本是一座老舊的醫院，但是在建築師巧手設計之下，竟然變身為馬德里重要的當代藝術館，收藏有畢卡索、達利等人的重要作品。原本不起眼的外型，在加上兩座機械透明電梯之後，便有如一座龐大的戶外裝置藝術作品，令人不由得多看它一眼。

許多人可能和我有相同的經驗，以為既然是搭乘AVE高鐵這種高科技列車，車站一定是如龐畢度中心一般的高科技風格建築，沒想到卻竟然步入一座佈滿熱帶植物的溫室叢林。建築師拉飛爾·莫內（Rafael Moneo）在設計馬德里車站時，特別顧慮到火車車庫的老舊歷史，因此除了保留舊車庫作為車站 5 174 **花園之外，只設置了一座簡潔的塔樓與圓鼓型的通勤列車入口，而如帳棚般的金屬圓頂停車場**，以及細長柱子林立的AVE列車月台，則被規劃在地勢較低的部分，使得歷史感十足的古典車站建築不致於被新站體搶走風采。

乘坐AVE列車的感覺與日本新幹線十分不同，AVE列車具有歐洲汽車傳統的堅實感，平穩的搭乘感受令我大感吃驚。我原本對於西班牙汽車與交通科技沒什麼好感，沒想到他們的高速鐵路AVE列車竟然如此不同凡響－座椅十分舒服，每個座位還都附有音響耳機（品質甚至比波音七四七的耳機還要好很多），座位前下翻的桌面設計也是以堅實的金屬材質打造，使用起來很穩定，勝過航空客機內那種塑膠製的廉價桌面。我戴上耳機、翻下桌面，擺好筆記本和一罐餐車上買的可口可樂，開始我臥遊西班牙南部的旅程。車窗外的景觀不斷改變，荒原與曠野，遼闊得令人神往，完全不同於日本島國地形的狹隘景（7 177）色。在西班牙流行音樂的愉悅節奏中，我開始陷入如「唐吉訶德與風車」的拉曼查傳說幻覺裡。

搭AVE南下，才發覺西班牙國土壯闊，由北到南猶如穿越許多不同的國境：從岩石曠野到橄欖樹整齊排列的果園，從牛隻成群的牧場到一望無際的黃土荒漠……越往南越像是進入北非沙漠般，充滿回教世界的異國色彩，而炙熱的驕陽則潑辣地擁抱每一個進入安達魯西亞的旅人。

接著，AVE列車滑入沙漠帳棚般的賽維亞聖胡斯塔車站（Santa Justa Station）月台。這座由建築師安東尼．克魯斯（Antonia Cruz&Antonia Ortiz）設計的車站建築具有弧度優美的拋物線立面，以及天光宜人的月台，為當年參加博覽會的旅客帶來美好的賽維亞印象。

賽維亞市那座龐大的天主教堂內，鐘塔高聳雲霄，高達三十多層樓，整座鐘塔由回教祈禱塔改造而成。早年為了供年邁回教長老登塔祈禱，特別設計出迴旋坡道動線，讓長老們可以騎著馬登塔。我循著坡道而上，雖然沒有騎馬卻也輕鬆自在，看著小窗外不同視角的歌德式建築構件，不知不覺已經登上鐘塔頂樓，得以眺望整個賽維亞的都市面貌。

（2 172）從鐘塔頂端眺望遠方，很容易就找到建築師聖地牙哥．卡拉特拉瓦（Santiago Calatrava）所設計的白色橋樑。事實上，讓我願意遠渡重洋到西班牙旅行最大的誘因，就是聖地牙哥．卡拉特拉瓦的建築作品。西班牙建築師聖地牙哥．卡拉特拉瓦的建築結構簡潔優美，渾然天成，令人驚豔。他的設計作品中尤以橋樑最是令人讚嘆！當年為了賽維亞世界博覽會的場地，卡拉特拉瓦特別設計了兩座漂亮的橋樑，橫跨

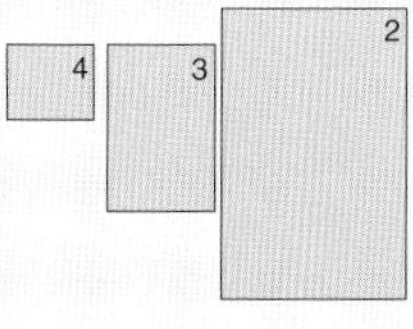

2. 西班牙建築師聖地牙哥·卡拉特拉瓦的橋樑建築結構簡潔優美，渾然天成。
3. 卡爾圖哈修道院文化中心的正面入口。
4. 一座座磚塔成為修道院中最顯眼且引人入勝的地標建築。

在河面上，其中一座稱為阿拉米羅橋（Alamillo Bridge），以高大斜撐的柱子，拉出一條條如琴弦般的纜線，整體結構乾淨俐落，令人讚嘆！

過了橋之後，繞過一區區當年參加博覽會、來自世界各地的異國色彩建築，遠方水池後出現一座城堡般的建築。事實上，它並沒有城堡那般宏偉壯觀，反倒有些質樸低調，甚至頗為肅靜。原本並不知道這座建築有什麼了不起，但是旅行前朋友特地四處詢問了當地建築特色，聽說設計師胡碩峰極力推薦這座建築，我們也就帶著好奇心進去張望。一入內，發現原來這裡原是一座古老的修道院，如今則改造成一座現代藝術美術館。

修道院改造成美術館的案例不多見，不過只要一瞭解修道院在中古世紀扮演的角色，與美術館之間的關係也就很接近了。在中世紀，修道院內保存了最多文物史料，同時也是修士研究知識的唯一場所，幾乎扮演了圖書館、大

5 ← 建築師拉飛爾．莫內設計的，如帳棚般金屬圓頂的馬德里車站。

3
173

學研究所、博物館……等多種角色。這座卡爾圖哈修道院（Cartuja）歷史悠久，早年的確是西班牙極重要的知識寶庫。哥倫布出航探險之前，還數次到這裡蒐集資料，得到許多珍貴的文件。修道院佔地廣闊，內部除了教堂、教室、圖書館、博物館之外，還有住宿區、工作區等等。參訪的遊客並不多，人群進入修道院後，幾乎很快地就被沉靜的空間所稀釋了。

4
173

悠遊在修道院的迴廊與堂室之間，對於牆上展示的那些宛如混亂塗鴉的現代繪畫，我幾乎無法欣賞，只覺得這些所謂的藝術品反而玷汙了修道院的空靈。修士的幽魂，彷彿依然迴盪在光影交錯的迴廊間，無聲無息地吟誦著經文。在長廊盡頭，出現了一方西班牙南部驕陽滿溢的廣場，廣場上矗立著造型奇特的塔狀物。塔狀物不只一座，而是一整排延伸，在簡潔的修道院內顯得十分突兀——陽光、陰影、廣場、塔狀物，整個畫面的感覺令人聯想到義大利超現實主義畫家基里訶（Giorgio de Chirico）的作品，寧靜卻又暗濤洶湧。

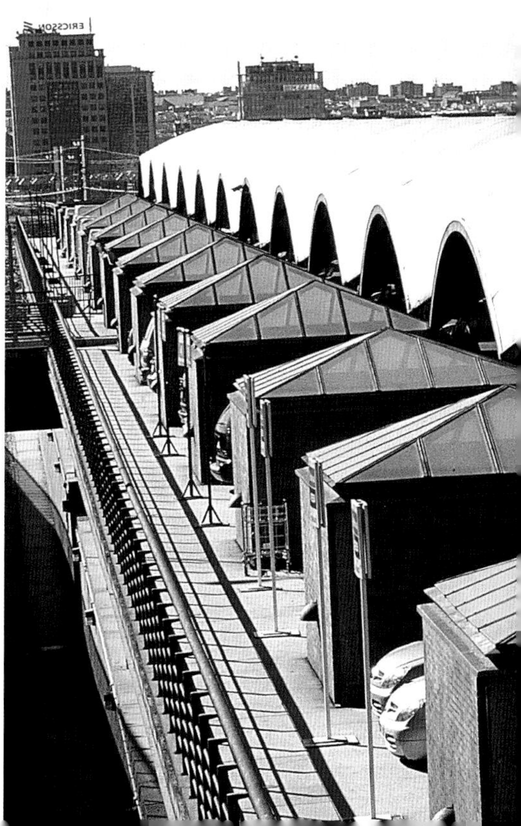

6 蘇菲亞美術館原本是一座老舊的醫院，在加上兩座機械透明電梯之後，便有如一座龐大的戶外裝置藝術。

塔狀物並非人們所謠傳的是火箭或神祕祭壇，事實上，這些塔狀物是當年燒磚瓦所用的窯爐。暗紅色的磚窯與高聳的煙囪組合成一座座奇特的塔狀物，雖然如今早已不使用，但是建築師將它們保留改建，加上金屬箍圈，強化結構，反而成為修道院中最顯眼且引人入勝的地標建築。

在偌大的博覽會會場，所有怪異的展場建築都在時間洪流的變化中，不再引人注目，唯有這座歷史悠久的修道院，始終散發著含蓄與寧靜的魅力，時間越久越動人。我們在修道院中悠遊了一下午，坐在落葉繽紛的庭園樹下，想像著過去西班牙的輝煌時代，那些征服四海的偉大航海家們，也都曾來到這裡，體驗寧靜思考的力量，讓他們面對海上的驚濤駭浪時仍能沉靜、堅毅地抵達地圖的邊緣地帶。

對我而言，西班牙廣闊的土地，正有如無盡的海洋，而那快速穩固的AVE高速列車則是我的巨帆戰艦，引領著我穿過荒原，直達未曾去過的領域。

搭乘 AVE 高鐵南下，穿越唐吉訶德與風車的拉曼查傳說世界。 →7

山陽新幹線與廣島之戀

如果說山陽新幹線是新幹線列車的飆車場，
那麼山陽新幹線鐵道券就是縱橫這座飆車場的魔法利器。
只要擁有這張鐵道券就可以在一定時間內，不限時間地點搭乘各種新幹線列車，
前往山陽新幹線沿線各個城市。
這些車站可說是新幹線列車的閱兵台。

1 JR500型列車像是一輛火箭跑車般地，充滿著向前衝刺的動力感。

去年夏天，我帶著山陽新幹線的鐵道券（Rail Pass），前往瀨戶內海邊的幾座城市走走。這個暑假計畫一方面可以體驗「子彈列車」的真實快感，一方面也可以順便尋訪山陽地區幾座城市中的重要建築。

所謂的「陽」即是「山南水北」，山陽新幹線顧名思義是奔馳於瀨戶內海北邊的高速鐵道路線。對於想要飽嚐新幹線各種列車速度感的鐵道迷而言，從大阪到博多這段路程，可說是最適合的路線。因為從大阪到博多，是新幹線列車出現最頻繁的路線，不論是西日本鐵道公司或是東日本鐵道公司，都有各型列車行經山陽新幹線鐵道。其中最引人注目的是東日本鐵道的JR700型列車、西日本鐵道公司改自JR700型的「鐵道之星」（Rail Star）列車，以及超級流線造型的JR500型列車。

5
184

如果說山陽新幹線是新幹線列車的飆車場，那麼山陽新幹線鐵道券就是縱橫這座飆車場的魔法利器。只要擁有這張鐵道券就可以在一定時間內，不限時間地點搭乘各種新幹線列車，前往山陽新幹線沿線各個城市——神戶、姬路、岡山、廣島、下關及終點博多等地，這些車站可說是新幹線列車的閱兵台。只要站上山陽新幹線月台，任何一位鐵道迷都會興奮不已，因為出現在此線上的列車，除了流線騷包的JR500型與JR700型之外，還有貌似鐵甲武士車頭般的JR300型，以及現今少見的原始新幹線列車JR0型等等，不勝枚舉。

1
179

JR500型列車是當年日本新幹線為了創造極速三百公里紀錄所設計的車型，特別請來德國工業產品設計師來設計。它的車頭尖銳如鉛筆一般，其駕駛艙蓋是以透明玻璃製成，更具有如F-16戰鬥機般的時髦流線感。整台列車像是一輛火箭跑車，充滿向前衝刺的動力。JR700型列車雖然不似JR500型列車那般尖銳，速度上也較為慢些，但是符合空氣動力學的車頭設計，卻讓它在行進間比JR500型更平穩舒適——或許這也是台灣高鐵採用JR700型列車的原因吧。東日本鐵道公司從東京直達博多的700型列車，採用傳統藍白色系的塗裝，為了爭取由東京到博多出差旅客，經常推出價格經濟的套票，讓許多人捨棄搭乘國內班機，而改選擇乘坐舒適的新幹線列車。西日本鐵道公司的JR700型列車，則特別將原有列車改成白、黃、咖啡色的塗裝，內部裝潢也更為精緻豪華，帶來耳目一新的感受。

日本新幹線列車雖然也達到極速三百公里，但是比起歐洲之星、TGV、AVE、ICE等列車，似乎仍顯得過於輕巧脆弱。特別是為了追求極速所設計的JR500型子彈列車，當車門上方顯示燈亮起，告訴乘客現在正以時速三百公里通過姬路、相生之際，乘坐時甚至可以感受到整節車廂有輕微的轟隆震動聲，不免令人有些擔憂。不過，就像日系輕巧跑車與德系重型賽車相比，總是各有其優劣一樣吧！喜歡日系子彈列車的火車迷們，仍然一定要來此接受速度的洗禮。

第一天使用山陽新幹線鐵道券，就搭上西日本鐵道公司的JR500型列車，如風一般飛馳到遙遠的廣島市。廣島市是長崎之外，另一個遭受天火焚城的地方。二次大戰末期原子彈從高空落下，許多人的生命瞬時在白熱的高溫中消失，同時也改變了世界的命運。我去的這一天，恰巧就是原爆和平紀念日，紀念館前照例舉行了和平紀念儀式，日本許多小學生、民間社團都聚集在此，發表和平宣言，祈求戰爭與殺戮不再發生。我其實很怕去參觀這種人間悲劇的紀念館，但是廣島和平紀念館卻讓我駐足許久。當天看著館內一篇篇廣島市對其他舉行核子試爆國家所發表的勸告信，聽著公園聚集的男女老少吟唱出他們對於戰爭與和平的看法，森林中的音樂家們則用樂器演奏出無言的控訴，我心中也對人類歷史充滿了矛盾與困惑。廣島市民對於戰

2. 原爆和平紀念日這一天，森林中的音樂家用樂器演奏出無言的控訴。
3. 廣島滿街叮噹行走的路面電車讓市區充滿了浪漫古意。
4. 幽雅的倉敷美觀地區。

爭自然有更深刻的特別感受，畢竟整個廣島市區曾經在赤炎的籠罩下，毀滅得十分澈底，直到今天，除了那棟位於原爆點下、被列入聯合國世界文化遺產、只剩鋼筋混凝土骨骸的產業獎勵館之外，廣島市也沒有什麼其他的歷史建築古蹟了。

廣島雖然缺乏歷史古蹟，但是滿街叮噹行走的路面電車卻讓市區充滿了浪漫古意。便利的廣島市區路面電車系統，在原爆之後幾乎完全毀壞停擺。戰後復建時，廣島市收集了各個城市廢棄的電車，組成了一支雜牌軍似的路面電車隊，繼續為市民服務。這些路面電車除了昔日大阪、京都、神戶等大城市的電車外，甚至有遠從異國姊妹市進口的古典路面電車，形成了一個動態「路面電車博物館」，十分有趣。

搭乘路面電車前往宮島，可以選擇古典的老式路面電車，也可以選擇最新型的綠色電車，兩者舒適度不同，卻同樣可以欣賞廣島市區、郊區的種種面貌。電車到達宮島口，必須

5 ← 山陽新幹線沿線各個城市車站，可說是新幹線列車的閱兵台。

轉搭渡輪才可以前往宮島，貼心的日本國鐵系統連渡輪也不放過，只要手持鐵道券，即可免費繼續搭乘國鐵經營的渡輪系統。當渡輪緩緩朝向宮島前進時，海風輕輕吹拂著臉頰，我的心情也逐漸轉為輕鬆愉悅。

前往宮島是為了那個熟悉的影像——挺立於海水之中、巖島神社前巨大的紅色鳥居，背後的夕陽餘暉在波濤上蕩漾。這座被列入聯合國文化遺產名單中的建築，我從小就在月曆、圖畫書中看見，卻未曾想過自己會真正身在其中。剛登上宮島就被一種古典自然的空氣包圍，自由自在的梅花鹿肆無忌憚地在各處覓食；神社中值勤賣票的僧人，睡眼惺忪地聽著收音機中傳來的廣播嘈雜聲，廣播聲音不大，模模糊糊的音波聲，讓人感覺遙遠有如來自月球的播音。漫步在海岸邊的砂質路面上，雖然是暑假大熱天，海風卻十分清爽，島上的一切都顯得非常緩慢放鬆，我的心思也回到小學時的暑假——同樣懶洋洋的夏天，同樣令人愉悅的微風，同樣假期般的心情——我開始懷疑自

→6 巖島神社紅色的巨大鳥居挺立於海水之中。

4
183

已是不是曾經來過這座島上？

躺臥在嚴島神社前的海上平台上，欣賞完海濤漲潮退潮、紅色大鳥居背後的夕陽餘暉，便趕搭渡輪回廣島。順便也在廣島車站吃了有名的「廣島燒」當晚餐，然後又搭上疾風般的高速列車飛回大阪。後來幾天之內，我分別搭乘了JR700型和鐵道之星，造訪了姬路古城、美觀地區倉敷等傳統建築區。搭乘高速的新幹線列車去拜訪這些古老緩慢的傳統地區，總讓我感到有些不安。雖然科技的進步讓我可以方便地在山陽地區漫遊，但科技是不是有一天也會毀了這些美麗幽雅的城市，就如當年核能科技毀了廣島一般？至今我仍然沒有答案。新幹線的速度實在太快，總是在我仍未想出答案之前，就已經到站下車……

姬路古城下的文學館建築，
由建築師安藤忠雄所設計。

→ 7

5 愉悅的逃學之旅

逃學的鐵道／江之島電車

東京通往橫濱、鐮倉的鐵道，也是標準的逃學鐵道，

許多人的第一次逃學都是搭這線鐵路去看海。

特別是歷史悠久的湘南鐵道／江之島電車，優雅的電車、美麗的海景，

吸引許多青年男女來此。這是一輛可以坐在電車上看海的神奇交通工具，

正如宮崎駿動畫《神隱少女》中那輛在水中巡行的電車一般。

1 ← 江之島電車已經有百年以上的歷史。

304
305

關於「逃學」這件事，在我認真研究調查之後才發現，其實大部分有才華、有創意的人，都有過令人驚奇的逃學歷險記。並且，這些人的逃學路徑與目的地，都有某種程度的相關性。逐漸地，我也歸納出「逃學」之於現代生活中的都市意義及道德正當性。

「逃學」基本上是一種對現有體制規範的反叛，正因為無力正面對抗，只好以「出走」的方式來表達，同時也是對自己內在良心的回應。在龐大複雜的機械迷宮中，所有人都有如機械零件般規律運作著，個人想要脫軌出走，其實需要極大的毅力與決心，最好在反悔之前，快速逃離這座機械迷宮。而對於都市學生而言，鐵道系統便成為逃學學生可以快速脫離城市的最佳工具。

有趣的是，大部分城市似乎都有一座通往海邊的鐵道系統，這座鐵道系統通常也成為逃學學生最喜歡的一條路徑。台北市早期的北淡線鐵道便是中學生的最愛，許多文壇作家都曾在中學時期搭上通往海邊的北淡線列車，展開奇妙又興奮的逃學之旅。而這段逃學經歷大多也會在往後的小說創作中出現，甚至成為他們成長時期最重要的回憶。試想從機械式壓迫的法西斯學校中逃出，跳上通往淡水的列車，望著窗外台北街景的快速後退，心中是何等歡欣！到達淡水後直奔海邊、漁人碼頭，當寬闊的海面整個在沙丘後展現時，壓抑多時的心情頓時解放開來，這一剎那間，「逃學」成為十分值得的事。

日本東京通往橫濱、鎌倉的鐵道也是標準的逃學鐵道，許多人的第一次逃學都是搭這線鐵路去看海。特別是歷史悠久的湘南鐵道／江之島電車，優雅的電車、美麗的海景，吸引許多青年男女來此。不論什麼時間，總是可以看見穿制服的高中生開心地在沙灘漫步戲水。看著他們脫離機械都市的壓迫，在海邊尋回屬於年輕的歡愉與輕鬆，我也不忍心再懷疑他們是逃學的壞學生。

江之島電車已經有百年之久的歷史，這條歷史鐵道串連了許多不同的城鄉景色，是一條散心看海的絕佳鐵道路線。夏天的時候，湘南海岸總是充滿了比基尼女郎和衝浪少年，那種熱鬧景象令人十分受不了。所以我喜歡在有太陽的冬天去搭乘江之島電車。

從東京新宿搭乘小田急浪漫列車到藤澤站轉乘江之島電車，電車竟然是從百貨公司二樓發車！剛開始電車是以高架的方式，行駛在都市上空，待電車接近郊區，便下降為路面軌道。狹小的電車軌道穿梭在郊區住宅的後院之間，乘客可以邊坐電車邊欣賞庭院中的花草造景。

綠色的車廂繼續在軌道上搖晃前進，在腰越站前的市區，江之電居然行駛在道路上，與道路上的汽車並肩而行，經過狹窄的路段時，汽車還要停下等待電車先行通過。在腰越站下車可以步行走向往江之島海邊，我就在這個海邊找到一家全世界景色最棒的肯德基速食店。這家肯德基二樓用餐空間明亮寬敞，並且面向藍色大海，整個美麗的江之島一覽無遺。我在二樓用餐時，發現有一位學生坐在窗邊的位置看書——上課時間來到這裡，想必也是一位逃學少年。他的心情我可以理解，因此我不願意打攪他。只見他一邊看書，一邊卻常望向大海發呆。美好的江之島海岸與無聊的學校生活相比，我相信他的逃學是值得的，也相信有一天他會明白這一點。

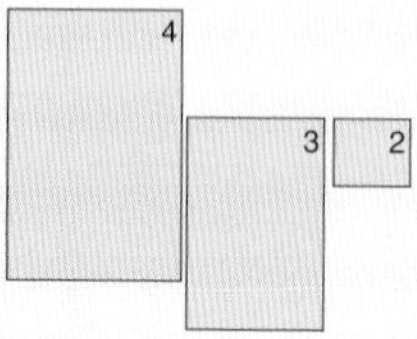

2. 湘南海岸是東京地區逃學的天堂。
3. 湘南海岸衝浪風潮興盛，海洋風格的商店林立。
4. 路面電車即將進入腰越車站。

電車に注意
神戸橋
ホープのクリーニング
鎌倉
1552

4 195

電車駛離腰越車站，這時候的江之電行駛在一條很狹窄的通道上，兩邊都是住家的背面，你甚至可以感覺到廚房排油煙機的熱氣排出。不過這段狹窄的通道不長，轉個彎整個視野突然豁然開朗，列車有如走向光明的桃花源一般，一望無際的海洋就出現在正前方。這裡正是中學生逃學的桃花源——湘南海岸。

5 196

江之島電車在湘南海岸邊，沿著海岸線前進——這是一輛可以坐在電車上看海的神奇交通工具，正如宮崎駿動畫《神隱少女》中那輛在水中巡行的電車一般。除了坐在電車上看海之外，「鎌倉高校前」站的候車亭也是看夕陽的好地方。這座簡單的電車候車亭甚至曾經入選為「日本一百個最美的車站」之一。來到此地，

5 江之電行駛在濱海公路旁，是一列可以看海的電車。

即使不是逃學生，也會想下車奔向海灘，去吹吹海風、碰觸冰冷的海水，讓冷冽的海水重新喚醒被都市生活塵蒙已久的心。

望著夕陽在海岸線落下，襯托著江之島的天際線，彷彿宣告著逃學時光的結束。對於江之島電車上的旅人而言，這也是一趟逃脫都市綑綁、享受看海自由行程的終點。回憶我的中學生活，雖然正位於北淡線鐵道旁，卻未曾有過逃學的經驗。難怪在我的記憶裡，中學生活總是一片灰暗沮喪。不過等上了大學，在淡江建築系的時光，便常常受不了淡江美好山水的誘惑，天天騎著摩托車上山下海，欣賞淡水令人心動的夕陽與梯田。曾經和同學們在山坡上樹蔭下乘涼，淡水秋天的海風吹得人昏昏欲睡，在半睡

6 ← 鐮倉老街販賣零食的雜貨店。

半醒之間，山谷下的上課鐘聲響起，當下大夥兒卻決定不去上那無趣的結構課程。多年後，有人成了熱門的建築師，有人在學校教書，大夥兒回顧過去「逃學」的時光，都覺得十分值得！

這些年來，鐵道事物的被浪漫化，使得「逃學」這件事也成為浪漫懷舊的事情。事實上，與今天中學生們逃學後沉迷網咖、電玩店的模式相較，過去中學生的逃學模式似乎更浪漫、更有創意。過去的逃學藉著鐵道之助，迅速前往機械叢林外的大自然，學生們在面對山海之際，與其說是「逃學」，不如說是接受了另一種更珍貴的大自然生命教育，而這種逃學過程中的學習，正補足了都市正規教育的不足與畸形。

如今我將「逃學」視為一種追尋，追尋讓都市人面對大自然與重新省思生命的機會，鐵道則成了追尋生命成長的工具。

鎌倉市區街道充滿典雅古意。

1 車頭圓滑的海鷗號是千禧年才啟用的新式特急列車。

北九州海鷗號與長崎港灣建築

海鷗號於新世紀啟動，圓滑流線的外殼，展現出如賓士房車般的豪華氣派，當海鷗號列車通過月台時，其他老舊列車頓時相形見絀。

這列開往長崎的新世紀列車除了擁有亮麗的白色外表之外，內部裝修也極細緻優雅，坐在舒適的特急列車上，看著窗外海邊的小漁村、港灣黃昏的夕照，一切只讓人感受到唯美與幸福。

INTERCITY KYUSHU KAMOME EXPRESS 885 SINCE 2000
KAMOME EXPRESS 885

前往長崎的心情有一些複雜，因為這座城市是世界上少數遭受原子彈轟炸的地方。一座典雅且富異國情調的城市在可怕的原子彈荼毒之後，會是什麼樣蒼茫的景象呢？這樣的城市會有什麼令人依戀的事物嗎？我想起歌劇《蝴蝶夫人》的故事正好發生在長崎——普契尼可來過長崎？他筆下的悲劇是否預見了長崎必遭天火毀滅？這些疑問在由博多開往長崎的「海鷗號」列車上，逐漸浮現解答。

西元兩千年才啟用的「海鷗號」（885系），是日本九州鐵道公司最新發展的特急列車。九州鐵道公司因其特殊的地理位置，長久以來發展出自身獨特的鐵道工業文化，該公司所研發的特急列車在機械美學上也有異於東、西日本鐵道公司的設計表現。這些年來，九州鐵道公司先後發展出機械昆蟲造型的列車「音速」（883系）、現代感十足的「飛燕號」（787系），以及前往湯布院的綠色森林列車「幽芬之森」。這些列車特異的設計，十分令人驚豔，也成為九州旅行重要的觀光賣點。

海鷗號於新世紀啟動，圓滑流線的外殼，展現出如賓士房車般的豪華氣派，當海鷗號列車通過月台時，其他老舊列車頓時相形見絀。這列開往長崎的新世紀列車除了擁有亮麗的白色外表之外，內部裝修也極細緻優雅，包括黑色真皮座椅、木紋地板，還有牆面上佈置了書法詩詞的盥洗室等候空間。這樣充滿文學氣質的少見佈置，也許是因為長崎的文化氣息所致。最令殘障朋友感動的是，列車內的女廁所兼作殘障廁所，廁所的牆面是圓弧形的，並非四角方正的空間，如此可讓乘坐輪椅的旅客入內迴轉自如。

海鷗號的旅程沿著有明海岸南下，因此旅程中有一半的時間可以欣賞美麗海景。雖然這一年冬天，有明海的名產養殖海菜因為海堤的不當操作枯死大半，引起漁民抗議，不過坐在舒適的特急列車上，看著窗外海邊的小漁村和港灣黃昏的夕照，一切只讓人感受到唯美與幸福。

在長崎車站搭上古意的老舊電車，我才發現原爆天火下的長崎依舊典雅，人民依舊開朗，大埔天主教堂前的攤販，仍然元氣熱絡。站在舊居留地的洋樓上，俯瞰整個長崎港灣，不禁令人聯想起蝴蝶夫人當年便是在此等待夫君歸來。眼鏡橋附近的中國街，充滿著濃厚的舊曆年氣息，是日本其他地方少見的現象。老電車在石板路上緩緩前行，路旁的柳條搖曳，有如催眠般的節奏，讓我在長崎的午後有些昏昏欲睡，就這樣晃過了市區內所有的歷史痕跡。

荷蘭人曾經遠渡重洋來到此地，就像他們曾經遠渡重洋到福爾摩沙這美麗的島嶼一樣，到遙遠的東方，建立堡壘，企圖打開通商大門。但日本人可不歡迎這些紅毛外國人，鎖國政策逼使荷蘭人只能困居於小小的沙洲上經商宣教。或許是受到歷史上這些漂泊荷蘭人的影響吧，今天的長崎市是最能夠接納外國人的城市，中國人、韓國人搭船渡海很快地就可以來到長崎。來自南洋的人喜歡來此找工作，因此中國街裡有各式不同國籍的料理，滿足著來自不同國度的味蕾。電車周遭的景色除了中國與荷蘭的異國情調之外，並沒有太多令人興奮的事物，直到電車滑過港灣邊的「大波止」站。「大波止」顧名思義，是重要的防波堤。渴望見到大海眼睛的我，從車窗縫隙間瞧見了一顆如夕陽的橘紅火球，剎那間我還以為自己看見了核爆的天火，在長崎市區上空擴張，將要溶化一切。

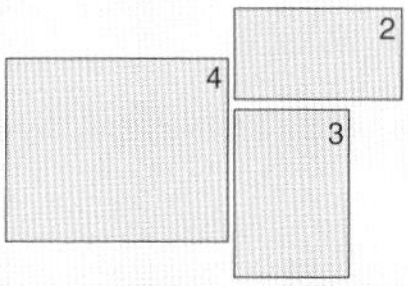

2. 碼頭區在改造後，倉庫上方成為市民看海、欣賞夕陽的好地方。
3. 眺望台上可看見藍色的鋼骨撐起火紅的圓球。
4. 以解構主義的手法將原本方正呆板的碼頭建築包覆成一座隱形戰艦般的新地標。

火紅的圓球原來是長崎港灣中的新地標。距離建築師高松伸所設計的渡船站不遠處，有一座長形的碼頭倉庫，碼頭倉庫原是為了進行卸貨作業，但也因此佔據港區水岸空間，限制了市民前往看海，成為港灣之都的一大遺憾。這幾年，在義大利建築師與日本建築師合作設計改造下，在此處幻化出一座神奇的巨型雕塑，也規劃出了一處供長崎市民使用的新開放空間。

這項改造計畫以解構主義的手法，以鋼架、鋼板將原本方正呆板的碼頭建築包覆起來，宛如一座隱形戰艦。綠色的鋼板則與建築物上方橘黃色的圓球形成強烈的對比；碼頭建築上方是可以登高望遠的眺

5 ← 路面電車是長崎市民日常生活的重要交通工具。

望空間，而平面層則依舊供碼頭貨運業務使用。如此立體化運用的構想的確是兩全其美，在不影響碼頭業務的情況下，人們終於可以登高眺望港灣夕照和大船入港的壯麗景觀。事實上，當我站在這座奇特的建築之上時，才真正體驗到長崎港灣的美好！

橘紅圓球是整座建築的高潮，同時也是整個港灣中的焦點。雖然設計者原本的想法是朝早年戰爭中遺留下的圓形火砲砲彈聯想，但是這顆圓球也令人想到海洋盡頭的火紅夕陽，甚至隱喻著過去核爆引發的可怕大火球。

6 ← 橘紅圓球是整座建築的高潮·同時也是整個港灣中的焦點。

這座新地標建築並非只是一個浪漫的夢想，這幾年，它的隔鄰矗立了一座名為「夢彩都」的巨大購物中心，兩者之間還有天橋連結。觀光客來到長崎港灣邊，很容易被橘紅圓球建築吸引，在登高眺望港灣風情之後，還可以沿著天橋進入「夢彩都」，享受新長崎的購物樂趣。這個奇特的經驗，讓我領略到城市規劃者的用心良苦。這座古意盎然的歷史之都不僅有吸引人的古蹟遺址，也有新穎且充滿趣味的建築焦點。

千禧年啟用的「海鷗號」特急列車，正如長崎那顆火紅的圓球，為一座被核爆摧毀過的城市，激化出另一種動人的魅力，並且延續了城市的新生命。有了豪華的「海鷗號」以及火球般的港灣新地標，我相信長崎市的未來是充滿希望的。

古典電車搖搖晃晃地在鋪著卵石的街道上行駛，成為長崎市浪漫的街道景觀。

中央線的綠野仙蹤

橘黃色的JR中央線列車從國立市月台緩緩駛離，
中山美穗神情迷離地站在月台上，踱步在國立市區中尋找她的味覺記憶。
這幕出現在日劇《美味關係》中的畫面，總是纏繞在我心頭。
對這種任憑列車引領自己到下一段人生的宿命作法，現實生活中雖難以苟同，
但如此浪漫神祕的鐵道流浪方式，卻常常勾引著我內在蠢蠢欲動的探險心靈。

1 ← 橘黃色的中央線列車正通過東京交通博物館上方。

橘黃色的JR中央線列車從國立市月台緩緩駛離，中山美穗神情迷離地站在月台上，踱步在國立市區中尋找她的味覺記憶。這幕出現在日劇《美味關係》中的畫面，總是纏繞在我心頭。對這種任憑列車引領自己到下一段人生的宿命作法，現實生活中雖難以苟同，但如此浪漫神祕的鐵道流浪方式，卻常常勾引著我內在蠢蠢欲動的探險心靈。

我必須承認，以往在東京的城市觀察，比較集中在環狀山手線的區域附近，反而比較少乘坐那段橫越首都圈的中央線。中央線從新宿穿出環狀山手線便直奔西方，延伸到八王子、高尾等遙遠的地方；這些地方對於我這個東京旅人而言，猶如國之邊境一般。事實上，每天都有許多人搭乘中央線從遙遠的地方來到首都圈內討生活，如此想想，這些地方也就不算太遠了。

後來發現許多偶像劇的情節都發生在中央線上，我開始沿著中央線去探險。中央線最有名的車站應該是吉祥寺，村上春樹在《挪威的森林》一書中，描寫他為了遠避東京的繁忙與混亂，跑到吉祥寺附近租屋，住在一間有庭園住家的後院小木屋，安靜地享受生命中需要沉澱獨處的時光。吉祥寺附近過去有許多高級住宅，近年來因為中央線與京王井之頭線經過而交會在此，發展成山手線首都圈外重要的商業據點。而井之頭恩賜公園綿延的綠帶區域，更成為東京居民接近大自然的重要地區。

井之頭恩賜公園擁有可以划船的湖面，湖岸植滿櫻花，初春時節櫻花盛開之際，落英繽紛，湖面佈滿了花瓣，倘佯其間，心情特別愉悅開朗。這片美麗的森林一直綿延至三鷹地區，森林中隱藏著怪異卻具童話色彩的宮崎駿美術館。這個都市森林綠帶間，彷彿孕育著許多童話靈感與奇幻異象，提供創作者許多與大自然有關的動畫想像，漫步森林間，我似乎看見了龍貓與魔女琪琪的小黑貓在林間閒晃。每年春天我總不由自主地搭乘中央線來到吉祥寺，租條小船，划向櫻花林間，躺在船上打個盹，享受春花飄落的美景，想像自己是那脫離世俗塵世的武陵人。

車站通往公園的動線旁有一間平價燒烤小店，香味吸引了許多過路客前去品嚐。當然你也可以買幾樣喜歡的燒烤，帶到公園裡享用。公園裡，不少遠道而來的歐巴桑們，都曉得要自己準備賞花用的美味便當，在櫻花季時坐在樹下品嚐所謂的「花見便當」。

除了吉祥寺之外，中央線沿線許多地區也都擁有公園綠地之美，如武藏小金井車站附近的小金井公園、武藏野公園，以及國分寺車站附近的公園綠地等等。特別是小金井公園廣闊的綠地，提供了市民假日野餐、運動的最佳空間。園內遍植兩千株櫻花樹，在春暖花開之際，風吹雪的曼妙景象，美得令人動容。小金井公園內的「江戶東京建築公園」，更是喜愛研究近代東京建築發展歷史者的樂園。以《神隱少女》榮獲奧斯卡金像獎的動畫家宮崎駿，承認他創作《神隱少女》的畫作中，許多場景的靈感都是從這座建築公園中取得的。例如「湯屋」，正是自公園中的「子寶湯」湯屋而來；電影中那排不思議的町屋，則是從公園中的「看

2. 舊兩國車站如今是一座啤酒屋。
3. 中央線旁的聖橋是東京市保留下來的重要歷史建築。
4. 井之頭恩賜公園是中央線吉祥寺站附近大型的綠帶公園。

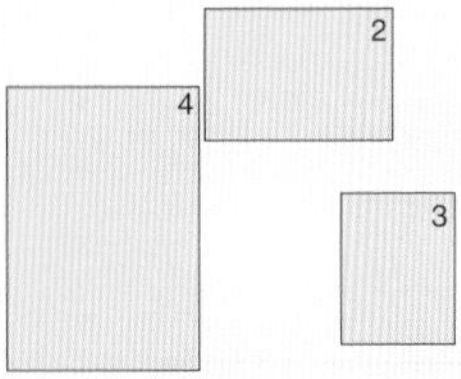

板建築」群而來；另外公園中早期的路面電車、中藥店、生花店等，都為宮崎駿帶來許多創作靈感。

江戶東京建築公園其實是江戶東京博物館的分館，他們費心為東京歷史建築找到歸處，永遠保留在公園中以讓後人瞻仰。宮崎駿的《神隱少女》證明了這些老舊建築的保存，是十分值得的。或許台北人也需要有一塊土地，讓那些被人遺棄的老房子有其歸屬，也作為市民追悼城市記憶的場所。

《美味關係》偶像劇中的國立車站，則宛如歐洲花園小鎮一般。國立市的都市設計的確是以類似花園城

5← 三鷹車站附近森林中隱藏著怪異卻具童話色彩的宮崎駿美術館。

市的概念設計的，整座市鎮以車站為中心，主要街道呈放射狀發散出去，街道上除了車道之外，規劃有林蔭步道、綠地花圃，以及腳踏車道；街道上植滿櫻花樹，到了春天，美麗的櫻花林便沿著街道一直延伸下去，並與一橋大學的校園綠地連接一氣。既有了綠樹花圃的美麗氛圍，又有大學城學術氣息的感染，整個國立市便散發一股浪漫的歐式氣質，和波西米亞式的自由氣氛。

林蔭大道邊開滿鮮豔的鬱金香，同時也有許多咖啡店、高級餐廳、設計精品店，漫遊其間樂趣無窮。對於厭倦混亂繁雜商業區的東京旅人而言，的確是個可以

6 ← 龍貓公車站帶領著訪客進入宮崎駿的童話森林。

消磨一個悠閒下午的好地方。

喜歡欣賞公共藝術的人，可以離開國立市搭乘中央線列車繼續往西走，在立川站下車。立川市曾經是美軍駐紮的地區，早期因為美軍眾多，街上有許多供大兵消磨時光的酒吧，不過這些年來，除了北邊的自衛隊直昇機基地外，整個立川市已蛻變為一座百貨商業興盛的城市。

市政當局為了推展公共藝術的觀念，曾經邀集世界各國藝術工作者，為立川市設計許多公共藝術作品，使得這個位於中央線西端的小城市逐漸以公共藝術作品聞名。從車站北邊開始，就有一條通過百貨商業區的空中步道，行人可以以飛翔的姿態穿梭逛街。街區內自然也佈滿了藝術家精心設計的公共藝術品，其中最有名的要算是一項美化通風孔的設計，造型是一個編織的菜籃，名稱叫做「最後的Shopping」。搭乘中央線來到立川市區，意外地享受了一場藝術之旅，內心不禁對中央線電車充滿了讚嘆！

中央線的末端停留在高尾站，到了此地，鄉間氣氛已漸濃厚。附近的高尾山是可以俯瞰東京都全貌的制高點，高尾站附近還有登山鐵道可以換乘直達山頂。盛夏燠熱的夜晚，許多東京人喜歡順著中央線列車的方向，來到高尾山上避暑，順便欣賞東京市區燈火閃爍的夜景。

相對於中央線西段的綠意野趣，新宿東邊的中央線沿線則顯得較為老舊雜亂，

3
214

不過卻有一些歷史建築值得探索玩味。御茶水車站狹窄的月台站體沿著神田川畔建造，在中央線的月台上可以很清楚地望見橫跨神田川的聖橋，其鋼筋混凝土的構造以及圓拱優美造型，是東京近代建築史中的重要地標。相似的橋樑建築十分少見，只有台北市圓山中山橋可以比擬，可惜的是中山橋已被拆除，將來國人若想再看見類似的橋樑，只有到東京御茶水才能見到了。每當我搭中央線列車經過御茶水車站附近，望著聖橋的身影，總是回想起台北的中山橋。兩座類似的橋樑，居然因為位於兩個不同的都市，而有兩種完全不同的遭遇，實在令人感嘆！

1
211

喜愛鐵道的遊客，不能放過參觀東京交通博物館的機會。交通博物館位於秋葉原附近，博物館門口擺設著第一代新幹線子彈列車的車體，藍白色的子彈列車與背後高架通過的橘黃色中央線列車相襯，非常搶眼。若是從御茶水車站改搭總武線列車，越過隅田川，則可以很快到達兩國車站。兩國原本就是東京市區裡一個比較老舊的社區，但是因為相撲競技館與江戶東京博物館的設置，這個地方因此保留了許多日本的傳統文化，江戶東京博物館是想認識東京江戶風情的人最好的去處。整個博物館的造型猶如一隻巨大的木屐，館內陳設以街道實體呈現，讓人有深入其境的臨場感。

2
214

兩國地區流行的所謂的「相撲鍋」，原本是為相撲大力士所預備，份量十足驚人，也是當地特色。走進舊的兩國車站可以看見牆壁上掛著一幅幅昔日知名相撲力士的畫像，而車站大廳現在竟改造成一間吃燒肉的啤酒屋，在老舊車站裡喝啤酒、吃火鍋，別有一番風味。

中央線與山手線這兩條路線基本上是東京市區賴以生存的重要鐵道，也是瞭解東京人生活的重要觀察場景。對我而言，山手線是我穿梭東京迷宮都市的便利工具，而中央線則帶領著我離開喧鬧的東京，去尋找東京市屬於綠意與傳統的另一種面貌。

以花園城市概念規劃的國立市，景色宛如歐洲花園小鎮一般。

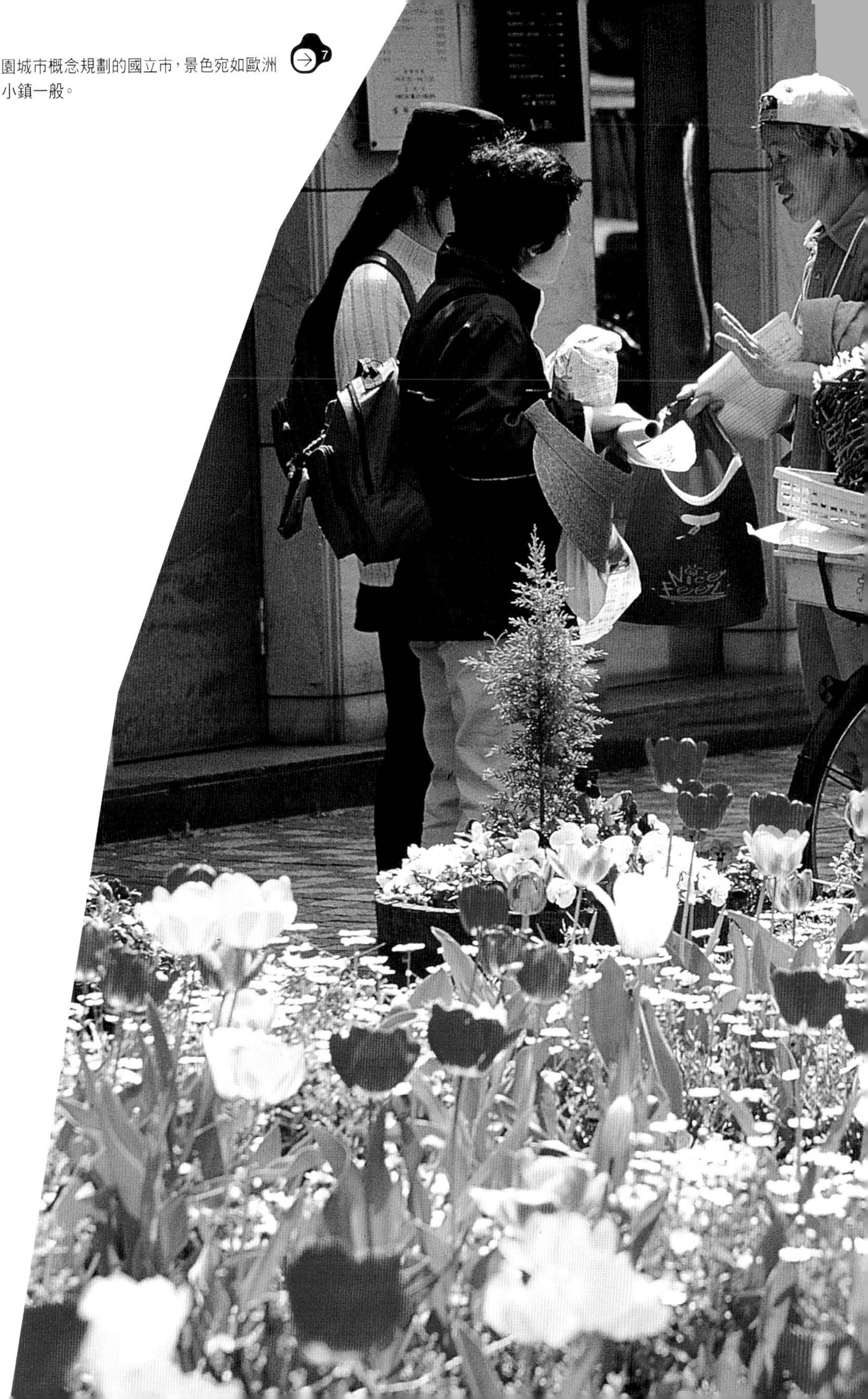

6

神祕的探險之旅

飛燕號與玉名市幽浮建築

天望館的平面圖固然十分複雜離奇，但是從其剖面圖上卻可以清楚看見整個複雜構造中所架構出的卵形空間，似乎才是整座建築的重心。進入這個卵形空間內，幽暗的空氣中，可以看見從天而下的光束，剎那間，令我聯想到進入羅馬萬神殿中的神奇感受。

1 ← 飛燕特急列車深沉的外殼讓列車帶著一種神祕的味道，也有點像一條向前衝刺的毒蛇。

3
ARIAKE
787
ARIAKE

1 225

那是一次驚奇的探險之旅。為了去尋找那棟位於九州窮鄉僻壤的怪建築，我們從博多車站搭上了南下的「飛燕特急列車」。這高科技感十足的列車，深沉的外殼讓列車帶著一種神祕的味道，從某個角度看去，有點像一條向前衝刺的毒蛇。成熟帥勁中帶點邪惡的氣質，正似那些高深莫測的都會雅痞。搭乘這都會感十足的列車，前往那名不見經傳的鄉下地方，感覺頗為詭異。

列車停在熊本附近一處叫「玉名」的偏僻小站，孤寂的車站月台寫著「玉名溫泉」的字樣，隱約透露出此地蘊藏的地熱能源。地處如此荒郊野外的玉名市，居然擁有好幾棟聞名世界的異型建築；其中包括高崎正治的玉名天望館，還有同樣酷愛外星傳說的建築師毛綱毅曠所設計的歷史博物館。

我久仰九州熊本附近那個詭異的天文建築大名，卻一直未能親眼目睹。建築師高崎正治原本就是個怪胎，他的建築設計永遠像像是外星人的作品。一九八七年他在東京所設計的集合住宅「結晶的光」（Chrystal Light），除了樓層金屬出簷十分怪異之外，轉角處如巨蛋般聳立的地標物，更有如異形卵般令人驚懼。

3 229

玉名天望館矗立於玉名市運動公園的山丘頂上，從山丘上可以眺望整個玉名市街道、菊池川和大坊古墳、永安寺東古墳，還有蓮華院誕生寺奧之院的五重塔。遠方環繞著壯闊的山脈與有明海，地形氣勢非凡，有種與天地合一的渾然之感。為了讓整座建築與大自然呼應，在建築體的設計手法上，高崎正治試圖儘量不使直角出現在建築物上。不論是樑柱或牆面都不採垂直水平的傳統方式，終而形成了這座造型、平面、構造都十分複雜的天望館。在建築設計概念上，第一層被稱作是「地的座」，象徵著玉名地區源源湧出的溫泉能量，舟形的平台則可供市民休憩遠眺活動之用；第二層是「雲的座」，可供市民親身經驗玉名地區精神性的空間；第三層則是所謂的「星的座」，可供人們體驗未來的潛能。屋頂圓圈象徵著幸福的蓮花，而三根向天斜射的方柱則代表著射向太空的箭，代表著玉名市對未來發展的抱負。

玉名市附近原本就有許多巨大的古墳，許多人因此認為此地一定凝聚著宇宙神奇的能量，甚至擁有絕佳風水。在玉名天望館的建築小丘上，就存在著一座古墳，圓聳的古墳正對著天望館。

天望館的平面圖固然十分複雜離奇，但是從其剖面圖上卻可以清楚看見整個複雜構造中，所架構出的卵形空間，似乎才是整座建築的重心。進入這個卵形空間內，幽暗的空氣中，可以看見從天而下的光束，剎那間，令我聯想到進入羅馬萬神殿（Patheon）中的神奇感受。玉名天望館與萬神殿內部空間都是象徵著宇宙的圓球或卵形空間，而且兩者的頂部都有一個圓孔與太空連接，似乎是某種開放性宇宙觀的象徵，只是卵形空間又比球形空間多了許多隱喻的聯想。

事實上，在這個異型卵般的空間待上一陣子，居然有一種置身古墓的窒息感。我在想，難道這個異型卵的空間原本就有意擬仿古墓的空間？潛伏古墓之中彷彿是一種能量的凝聚，等待著有一天破繭而出，開展另一個重生的境界。在這個古墳環繞的玉名地區，也難怪酷愛神祕事件的高崎正治會在此選擇以卵形空間來呈現他的宇宙觀。

走下了玉名天望館有如古墳般的山丘，我們才發現這裡真的是個鳥不生蛋的鄉下地方。剛才從車站搭乘而來的計程車早已不見蹤影，從人煙稀少的郊區走回玉名小鎮，大概要走到天黑了。此時恰巧看見遠方一位仁兄開車出來運動，似乎正要回鎮上去。備有建築資料的我，便拿出玉名

2. 天望館複雜構造中的卵形空間，似乎才是整座建築的重心。
3. 為了與大自然呼應，天望館不論樑柱或牆面都不採垂直水平的傳統方式。
4. 在這個異型卵般的空間待上一陣子，有一種置身古墓的窒息感。

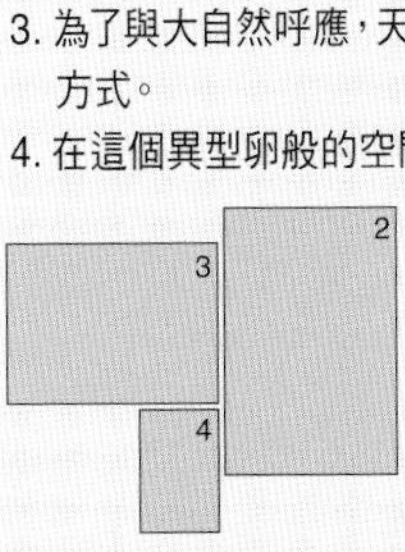

市立歷史博物館的資料照片，與他比手畫腳一番。幸好這位仁兄英文雖不好，心腸卻不錯，既然無法告訴我們如何前往，乾脆好人做到底，開車載我們去。我們因此順利脫離天望館，直奔毛綱毅曠設計的歷史博物館。

近年來，設計界中有人嘗試將外星人現象當作是設計靈感的來源，不過多是趕時髦、玩噱頭，很少人真正相信外星人及相關哲學。不過建築設計界卻有些人嚴肅看待飛碟與外星人，他們也嘗試在設計中表達出自己的看法。建築師毛綱毅曠正是少數相信飛碟的人，他甚至曾宣稱自己看過不明飛行物體。他在建築界的確是個異類。

一九八四年毛綱毅曠在日本北海道釧路市設計了一棟濕原展望資料館，這座建築一反日本當年公共建築強調機能性、合理性以及經濟性的現象，在北國

5 ← 玉名市立歷史博物館整座建築正面是一片逐層上升的階梯；階梯上的平台豎立著十六根方柱。

雄偉遼闊的寒冷平原上，建立起一座異型般的巨大建築，這座建築奇特的造型使得每個來探訪過的旅客都驚異不已，以為見到了外星來的太空船。

在毛綱毅曠的心目中，飛碟出沒最有可能的地區，自然是古墳環繞、溫泉地熱四起的玉名市，因此他所設計的玉名市立歷史博物館，便成為他展顯其飛碟思想的重要建築。他將整棟建築設計成一座迎接外星飛碟的場所，整座建築正面是一片逐層上升的階梯，階梯上的平台豎立著十六根方柱，每根方柱其實是一個小型的展示館，展示關於玉名市十六項重要的歷史、地理、民俗技藝或物產方面的資料；方柱區後方則是圓形中央展示館的屋頂，屋頂上整齊排列著十六個方形照明燈，夜間向黝黑的天空張望，似乎向遙遠的星空發出邀請，希望外星人可以再次乘坐飛碟降落在這個圓頂上。事實上，圓頂下的展示館正停

5 230

6 231

7 233

6 ← 每根方柱都是一個小型的展示館。

放著毛綱毅曠所設計的一艘幽浮（Phantom Ship）。我似乎開始明白了毛綱毅曠的計謀，他想利用這座建築吸引飛碟降落，當外星人下了飛碟之後，穿過十六個方柱，將使他們對玉名市有粗淺概略的瞭解，甚至他們會停留在此，享受古墳環繞與溫泉四起的能量。毛綱毅曠這座建築的確是建造給外星人看的，因為人們在地面上根本看不見方形列柱陣頭，以及圓形的飛碟降落場。不過好心的毛綱毅曠先生還是為人類設計了一座觀賞的鐵坡道，或許當飛碟降落的那天，市民正好可以站在鐵架上方觀看所謂的「第三類接觸」。

藉著館長熱心的幫助，我們在黃昏之前，終於順利地回到人煙稀少的車站，同時也順利地搭上了回博多的飛燕號列車。坐在舒服的深色皮製座椅上，我有一種重回都會的慶幸感。一天的幽浮建築探險有如一場奇異的夢境，而這輛現代的列車則安全地帶領我回到真實的世界。

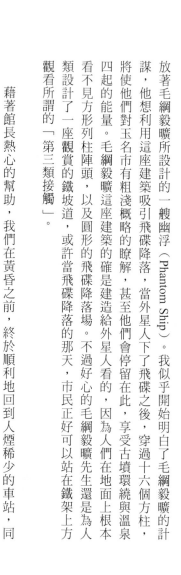

十六根方柱展示館內展示著關於玉名市十六項
重要的資料。

特急北斗與函館建築

超級北斗高大的車頭在車站各式列車中鶴立雞群，
這種高度使得超級北斗列車在北海道冬日風雪中奔馳，
可以有更好的視野。
當別的列車在飛舞的風雪中艱辛前進之際，
超級北斗列車卻能以一百三十公里的時速疾駛過冰雪大地。

1 ← 超級北斗列車在夜色中滑進函館車站。

北海道是日本都市人一個遙遠的夢想，有如荒渺的北大荒一般，充滿了無限冒險與開拓的可能性。來到這個純淨廣闊的地方，所有的壓力與煩躁似乎都一掃而空，大自然的輕鬆、豪放、自在取而代之。許多日本人因而寧願放棄大都市的便利，來此悠遊踏實的生活，雖然與大自然相處會有許多艱困與難處，但是也訓練出開拓者的堅忍毅力，與生存在大自然中的智慧法則。北海道呈現一種日本列島少有的豪爽與健康氣息，成為日本人都市生活中的一處遁世天堂，也是日本文化中少有的異型。

在北海道開拓史中，鐵道佔有極其重要的地位，也因此在廣闊的北國大地上，人們幾乎可以藉著鐵道自由地往來各處。許多日本文學作品中也不可避免地提及北海道的種種，比如「羊」。日本地區似乎除了北海道之外，很少能看見羊的蹤影。村上春樹在《尋羊冒險記》中，就這樣寫著：「……日本並沒有羊的存在，一直到明治時期為止，幾乎沒有日本人看過羊這種動物。事實上，明治以前日本人所畫出來的羊的圖畫，簡直就是胡亂畫的，可以說和H．G．威爾斯對火星人所擁有的知識相同吧。」村上春樹在《尋羊冒險記》中描述的北海道的追蹤與冒險，風格有如英國偵探小說《第三十九階》中蘇格蘭高地逃亡的情景，十分有趣。文學作品凸顯了北海道的獨特與神祕，因而也吸引了更多人假期時逃往這塊日本的北大荒。

北海道的鐵道雖然因為電視劇《明日萌》的轟動而吸引人們來朝聖，但是比起電視劇裡那些古董級的蒸汽火車頭，我更愛屬於北海道先進列車的「超級北斗」（218系／283系）。超級北斗列車富設計感，整個車頭外觀十分具有科幻味道，炫藍的塗裝奔馳在北國大地上，不論是白雪皚皚的冬日，或是綠意盎然的盛夏，都十分耀眼。超級北斗採用先進的振子式設計，列車過彎時車廂本身會自行傾斜以平衡離心力，因此在高速轉彎時，列車並不需要減速，仍可以平順地衝過轉彎處，將其他列車遠遠甩在後方。高大的車頭在車站各式列車中鶴立雞群，這種高度使得超級北斗列車在北海道冬日風雪中奔馳，可以有更好的視野。當別的列車在飛舞的風雪中艱辛前進之際，超級北斗列車卻能以一百三十公里的時速疾駛過冰雪大地。

一方面是為了一睹超級北斗列車的廬山真面目，一方面因為這部列車的路線是從札幌往函館，而我早就聽說函館具有世界三大夜景之一的美麗景觀，一直希望能親眼目睹。搭上札幌發車的超級北斗預備前往函館，列車發動時卻嚇了我一跳，超級北斗列車竟然是柴油動力機車，和我想像中日本的電車系統完全不同。原來在荒涼的北國大地，許多地方並沒有架設電力系統，即使有電力架設也容易在風雪之中毀壞，因此強悍的柴油引擎便成為超級北斗的最佳選擇。從札幌到函館共三小時多的奔馳，途中經過火山爆發過的室蘭、蟹肉便當有口皆碑的長萬部，以及接近函館時美麗的大沼國家公園自然景觀。抵達函館時已是夜幕低垂，超級北斗列車滑進車站月台，螢光般的青綠色與函館的夜色相輝映，十分美麗動人。

函館市區與一般日本城鎮不太一樣，反而比較像是十九世紀歐洲的城鎮景觀。市區充滿了歐洲風格的建築物，路面上跑的則是古典的路面電車，電車地板甚至還是木頭製的，當電車唧唧嘎嘎在路軌上滑行時，會讓人誤以為回到了舊時年代。函館的路面電車曾經差一點被完全廢除，但積極的市民們為了使函館更美麗，努力推動電車的保存運動，才讓這些古典的路面電車至今仍能活躍在街頭。我記得函館市的某家銀行曾經推出過一張海報，畫面中是銀白雪花覆蓋下的函館街道夜晚，寧靜中有一輛白色電車劃過街道，十分迷人。我千方百計搭乘「超級北斗」至此，就是要尋找那座寧靜典雅的城市，函館的安靜清幽果然沒叫我失望。

我喜歡函館的城市街道，這些街道有如舊金山的坡道一般，可以臨高俯視港灣風景。函館的坡道

函館郵局這棟老紅磚建築如今改稱為「明治館」，是一處風格復古的熱門景點。

函館はいから市場
明治館
内
ATION
2F
防犯

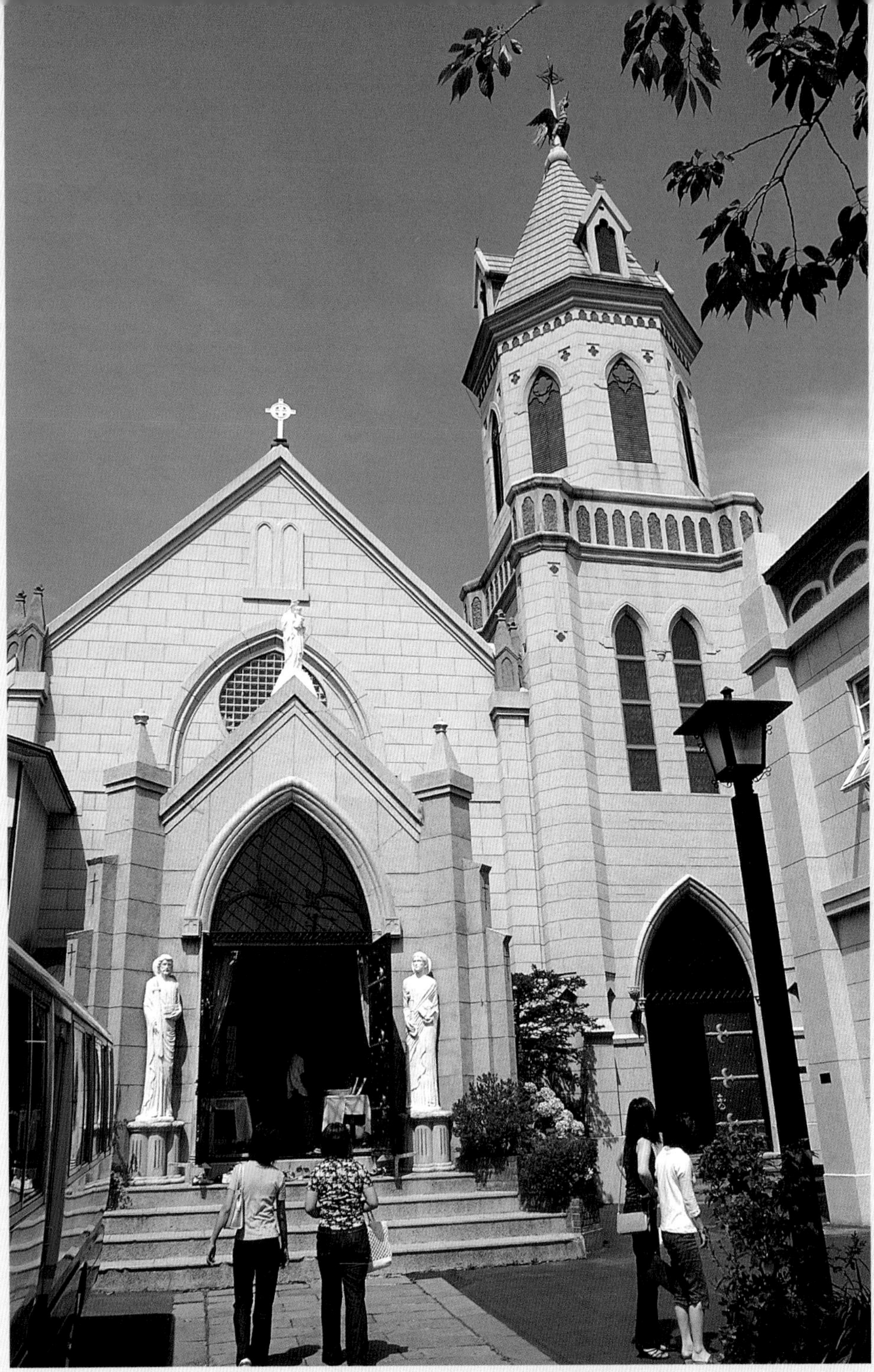

4. 元町天主教堂是西區天際線上的重要標的。
5. 造型十分具科幻感的超級北斗列車。

遍布在「元町」附近，以公會堂附近的「基阪」為中心，東邊有「日和阪」、「八番阪」、「二十間阪」，西邊則有「東阪」、「彌生阪」、「常盤阪」、「神明阪」等，這些坡道並排著俯瞰整個函館灣。住在這些坡道旁的洋式住宅內是一種幸福，因為山坡上的住屋逐層退縮地搭建，所以幾乎每間房子都能擁有極佳的海景。函館人對自己住家門面很看重，總是栽種著漂亮的各色花草，配合顏色柔和的住宅色調，十分浪漫。事實上，這些洋式住宅的漂亮顏色是由函館市的義工們一起努力粉刷的，他們為了維護元町的整體景觀，甚至成立「函館色彩文化研究協會」，一方面擔任維護歷史建築的義工，另一方面也深入研究過去建築的顏色，力求正確恢復。

函館之所以會成為一處令人發思古幽情的浪漫城市，正是因為歷史建築的活用再生。最早再利用的歷史建築，是沿港灣邊的紅磚倉庫群「金森倉庫」，和早期紅磚造的

6 ← 函館街頭路面電車與建築都充滿古典意味。

2
238
3
239

「函館郵局」。磚造的金森倉庫群被改造為多功能的活動空間，其中具有商店街、啤酒屋、餐廳等用途，原有的柱子與木架則都盡可能保留下來善加利用，紅磚的溫暖感也讓整個商場更具吸引力。市民們總是喜歡來到港邊，看海散步，同時也享受在歷史氛圍中逛街購物的特殊氣氛。因為金森倉庫的規劃十分受歡迎，附近更多的倉庫也跟著被加以利用。一九九四年成立的「金森洋物館」更規劃成一座大型的進口貨購物商場。而曾經荒廢凋零、面臨毀損危機的函館郵局，幸好有有心市民奔走呼籲，最後出租給民間組織，由義工自行動手修護，成立了「聯合廣場」，其中有各色商店、工作坊、特產店、餐廳、咖啡店等。如今這棟老紅磚建築改稱為「明治館」，是一處風格復古的熱門景點。

不過就正在市民努力維護函館景觀之際，許多東京來的建設公司也看好函館的發展潛力，紛紛前來進行大型開發案，甚至因而拆掉了一些歷史建築，危及函館的整體景

7 ← 函館聖公會教堂建築現代意味十足。

觀。因此函館居民努力推動修法，特別針對歷史建築集中的西區地帶，修訂了「西區歷史景觀條例」，接著還制定了針對全市的「都市景觀條例」。

西區地帶擁有許多洋式建築，其中「函館區公會堂」被列為國家級的重要文化財，天際線優美的幾座教堂也是函館的地標建築。這幾座教堂各具特色，其中的東正教會很有俄國風味，屋頂上的尖塔類似洋蔥造型，教堂比例精巧可愛，花園整齊漂亮，是函館最受歡迎的教堂建築。函館聖公會教堂位於東正教會後方不遠處，現代的造型，令人難以想像它的悠久歷史。元町天主教堂則是以其風見雞的尖塔著稱，也是西區天際線上的重要標的。搭乘纜車前往函館山上欣賞百萬夜景，可以從空中俯瞰這幾座漂亮的教堂建築，同時也對整個函館市區做一次完整的空中巡禮。

8 245
7 243
4 240

函館市民與建設公司之於函館景觀的戰爭，在泡沫經濟崩潰之後突然停止了。泡沫經濟似乎救了函館，使得那些典雅的歷史建築以及整體城鎮面貌，暫時不再受到威脅。當我站在函館山上，觀看這世界三大夜景之一的美景時，心中不禁為這座城市暗暗歡喜，因為它不僅擁有美麗的夜景而已，也擁有一群堅持保護家鄉的市民靈魂。

東正教會教堂比例精巧可愛，花園整齊漂亮，是函館最受歡迎的教堂建築。

畢爾包夜車與蓋瑞的古根漢博物館

依偎在河邊的古根漢美術館正如一尾飛躍的魚，尾部穿過高架橋樑，直直豎起一座梯塔，造成一個富有力道的收尾。登上梯塔俯瞰整個古根漢美術館的建築形體，扭曲層疊的塊體覆蓋著昂貴的鈦金屬片，在陽光下閃爍動人，充滿著不規則的動態美感。

許多人親眼目睹這件作品時都驚嘆著：這真的是建築物嗎？這棟建築的石頭會飛翔呢！

1 ← 畢爾包夜車的設計十分具有特色。

聽說巴斯克地區的人為了爭取獨立，經常以汽車炸彈、暴力脅迫等手段進行抗爭。往畢爾包的列車會經過巴斯克地區，我心中不免有些擔心。但是為了瞻仰聞名世界的古根漢博物館，也顧不了這麼多，我連夜在巴塞隆納搭上開往畢爾包的夜車，直奔幽暗鐵道的盡頭。

夜車的設計頗為人性化，一如日本「窺看」系列作家妹尾河童書中曾出現的臥車鳥瞰分析圖：狹小的空間裡，頭等臥舖分為上下兩層，上下舖位都有自己的小儲存櫃以及讀書燈；上層舖位的天花板還特別高起如斜屋頂一般，讓上舖旅客可以起身活動，不致於有天花板過低的壓迫感。一旁有洗手檯、鏡子，洗手檯下的裝置拉出，則成為爬上上舖的樓梯，設計得十分精巧貼心。圓管狀的淋浴室幾乎不佔室內空間，使用者進入其中，拉上門就有燈光照明，手壓前方圓形配件則有熱水灑下，雖然夜車不免搖晃厲害，但是對於旅程中疲憊的旅客而言，能夠淋浴仍是一件舒爽愉快的事。

當大夥兒更衣準備沐浴就寢時，可怕的事情卻破壞了大家的夜車美夢。突然如爆炸般的一聲巨響傳出，列車跟著緊急減速停止。大夥兒都從溫暖的臥舖內探頭出來察看。原來有一塊不知從何而降的巨石塊，砸破了我隔壁包廂的車窗，玻璃碎片灑滿了床鋪與地板。同時臥車盡頭最後一間的房門也打開，一位滿臉鬍鬚的西班牙壯漢走了出來，他肥碩的身材幾乎佔滿了整個走道末端，原來他房間的玻璃窗也慘遭石塊攻擊破壞。在慌亂的躁動中，有人說是巴斯克分離分子的攻擊，有人說是醉酒青少年的惡作劇。一位對西班牙素有研究的人士則發表高見，認為巴斯克分子慣用汽車炸彈，而非攻擊夜車，因此應該不是他們所為。正當大夥兒聚集在一起、議論紛紛的時候，還有許多人關在房間裡呼呼大睡，直到清晨仍不知道發生什麼事。

清晨醒來，似乎一切雨過天晴，車窗外山巒綠野十分秀麗，感覺上與平靜安詳的瑞士有些類似，昨夜的驚恐慌亂也隨之遠去。正當心情開始感到歡欣之際，才發現原本應該清早七點鐘到站的列車，這才走到路程的一半，等順利到畢爾包，恐怕也是中午以後的事了。不過想想，畢竟這才是西班牙人的做事態度（許多人說 AVE 高鐵的高效率根本不是西班牙人的風格）。想到餐車去吃個早餐、喝杯熱咖啡，赫然發現後面的車廂不知什麼時候已經分離，我們的臥車成為最後的一節車廂。無處可去的我，只好繼續順勢躺臥在床鋪上，一邊欣賞窗外如詩的美景，一方面隨手塗鴉做筆記。我漸漸體會到這種旅行方式竟也輕鬆愉快。就這樣我以「臥遊」的姿態，慢慢地盪過了西班牙北部地區。

到達畢爾包馬上可以感受到工業城市的氣氛，不是那種飽受汙染的重工業城市景象，反倒有一種沒落貴族的風華。畢爾包是這幾年才從沒落中甦醒活躍起來的都市，許多人歸功於建築師法蘭克・蓋瑞（Frank Gehry）設計的古根漢美術館。不過那只是表面粗淺的看法，事實上，畢爾包市政當局為了市區的復甦更新，費了不少苦心，才使原本華麗的市區建築重新散發光彩。步行在寬廣的人行道上，精品店華麗的櫥窗在夜間閃爍，從派對中出來的男女身著正式禮服，典雅的街
3 251
道上頓時也洋溢著優雅浪漫的氣氛。而英國高科技風格建築師諾曼・福斯特所設計的玻璃地鐵站入口，亦如燈籠般在夜幕中大發光芒。望著這片美好的都市夜景，我心中想著，若是畢爾包當年沒有繁華過，如今即使竭力更新，大概也很難有今天如此華麗的光景吧？

4 251
法蘭克・蓋瑞所設計的古根漢美術館如今已是畢爾包的重要地標，全世界都想前來一窺這棟新世紀美學建築。法蘭克・蓋瑞來自南加州，加州地區的建築文化對他的影響是無可否定的，雖然後來他在國外的作品逐漸脫離早期加州設計風格，但是他在西班牙奧林匹亞村的「巴塞隆

2. 古根漢博物館前的蜘蛛裝置藝術。
3. 英國高科技風格建築師諾曼，福斯特所設計的玻璃地鐵站入口。
4. 古根漢美術館層疊塊體上昂貴的鈦金屬片，在陽光下閃爍動人。

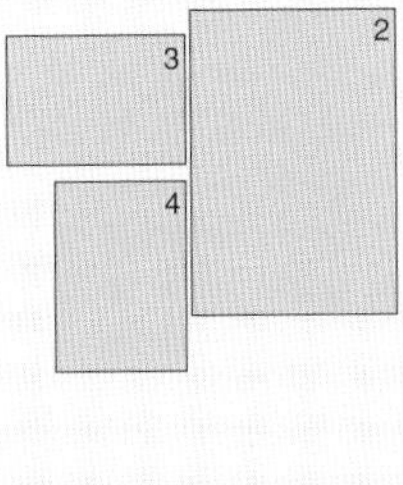

納紀念之魚」（Monumental Fish in Barcelona），與日本的「神戶之魚」（Fish in Kobe），仍然都帶有普普建築的文化特色。有人還認為法蘭克．蓋瑞對「魚」的偏愛與加州海岸生活有關；也有人認為那是因為法蘭克．蓋瑞成長於猶太家庭，習俗上星期五都要吃魚，他們會先買一條鯉魚放養在浴缸裡，蓋瑞小時候便常常跪在浴缸旁觀察魚，因此在他的童年記憶裡，「魚」佔有十分重要的地位。不過法蘭克．蓋瑞自己卻否認這些說法，他認為自己的「魚」系列作品，是以真實生物體表現對古典建築學以人類為中心的批判，是一種建築文化上的實驗。

畢爾包古根漢美術館的出現，可說是蓋瑞形體創作中的發展極致。「魚」的意象則一直存在，從可辨識的具象形體，進化為扭曲的抽象

5 ← 簡單的行人橋在西班牙新銳建築師聖地牙哥．卡拉特拉瓦巧妙的設計之下，有如一件公共藝術品。

雕塑。依偎在河邊的古根漢美術館，正如一尾飛躍的魚，尾部穿過高架橋樑，直直豎起一座梯塔，造成一個富有力道的收尾。登上梯塔俯瞰整個古根漢美術館的建築形體，扭曲層疊的塊體覆蓋著昂貴的鈦金屬片，在陽光下閃爍動人，充滿著不規則的動態美感。許多人親眼目睹這件作品時都驚嘆著：這真的是建築物嗎？這棟建築的石頭會飛翔呢！法蘭克．蓋瑞的畢爾包古根漢美術館為人類建築史開創了一個新的里程碑。這件動人的作品能夠完成，要歸功於數位時代的電腦科技，電腦科技的進步，確實造成了法蘭克．蓋瑞作品的改變，但是真正驅動他創作的藝術真誠卻從來沒有改變，他仍然具有早期加州建築時期充滿前衛實驗精神的衝勁。這種精神也正是他的作品一直感動人的最重要原因。

6 ← 畢爾包市民每天上下班都要經過這座橋，真令人羨慕。

沿著河岸欣賞這座世紀建築，很難想像這裡原本都是雜亂的工廠廢墟與鐵道調度車廠。重新規劃整理之後，此處如今是綠意一片，已經成為市民遊客休閒運動的最佳場所。河岸對面的山坡上是畢爾包大部分居民居住的地方，有登山鐵道聯絡山頂與山腳。為了便利市民進城購物、上班，市政當局又特別建造了一座行人橋，聘請西班牙新銳建築師聖地牙哥．卡拉特拉瓦（Santiago Calatrava）來設計。這位建築師擅長以簡潔、明暢的結構體，創造出令人驚異的建築。簡單的行人橋在他巧妙的設計之下，果然叫人欣喜感動！與其說這是一座行人便橋，不如說是一件公共藝術品，想到畢爾包市民每天上下班都要經過這座橋，真是讓人羨慕啊！

畢爾包這座城市在新世紀開始之初，展現出令人驚豔的爆發力。喜愛建築的我，來到此地除了看見許多大師的新世紀建築作品，同時也見識到一座沒落工業城起死回生的神奇力量。回想起來時之路所搭乘的驚魂夜快車，我內心告訴自己：旅行中的驚險是必要的，也是值得的！

「魚」的意象在古根漢美術館中依然存在，只是從可辨識的具象形體，進化為扭曲的抽象雕塑。

→7

國家圖書館出版品預行編目資料

鐵道建築散步【20 週年紀念版】 / 李清志文字 .
—— 二版 . —— 臺北市 :
大塊文化出版股份有限公司 , 2024.05
256 面 ; 16.3×23 公分 . ——(tone ; 2)

ISBN 978-626-7388-72-3(平裝)

1.CST: 鐵路　2.CST: 通俗作品

557.26　　113003100

LOCUS

LOCUS

LOCUS

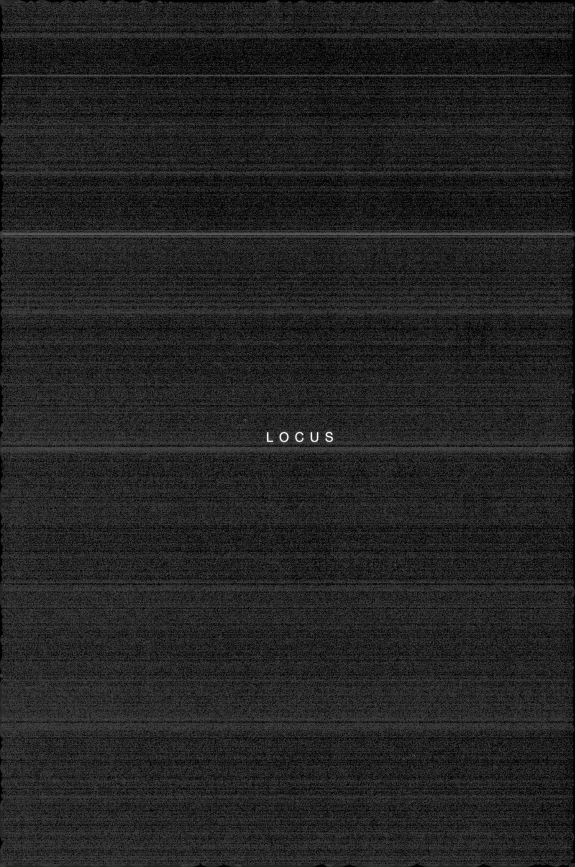

LOCUS